Especificaciones de calidad en impresión, encuadernación y acabados

Claudia López Iglesias

ic editorial

Especificaciones de calidad en impresión, encuadernación y acabados

1ª Edición

Editado por: IC Editorial
c/ Cueva de Viera, 2, Local 3
Centro Negocios CADI
29200 Antequera (Málaga)
Teléfono: 952 70 60 04
Fax: 952 84 55 03
Correo electrónico: iceditorial@iceditorial.com
Internet: www.iceditorial.com

ISBN: 978-84-1184-421-5
Depósito Legal: MA 2447-2024

Impresión: PODiPrint
Impreso en Andalucía – España

Nota de la editorial: IC Editorial pertenece a Innovación y Cualificación S. L.

Presentación del manual

El **Certificado de Profesionalidad** es el instrumento de acreditación, en el ámbito de la Administración laboral, de las cualificaciones profesionales del Catálogo Nacional de Cualificaciones Profesionales adquiridas a través de procesos formativos o del proceso de reconocimiento de la experiencia laboral y de vías no formales de formación.

El elemento mínimo acreditable es la **Unidad de Competencia.** La suma de las acreditaciones de las unidades de competencia conforma la acreditación de la competencia general.

Una **Unidad de Competencia** se define como una agrupación de tareas productivas específica que realiza el profesional. Las diferentes unidades de competencia de un certificado de profesionalidad conforman la **Competencia General,** definiendo el conjunto de conocimientos y capacidades que permiten el ejercicio de una actividad profesional determinada.

Cada **Unidad de Competencia** lleva asociado un **Módulo Formativo,** donde se describe la formación necesaria para adquirir esa **Unidad de Competencia,** pudiendo dividirse en **Unidades Formativas.**

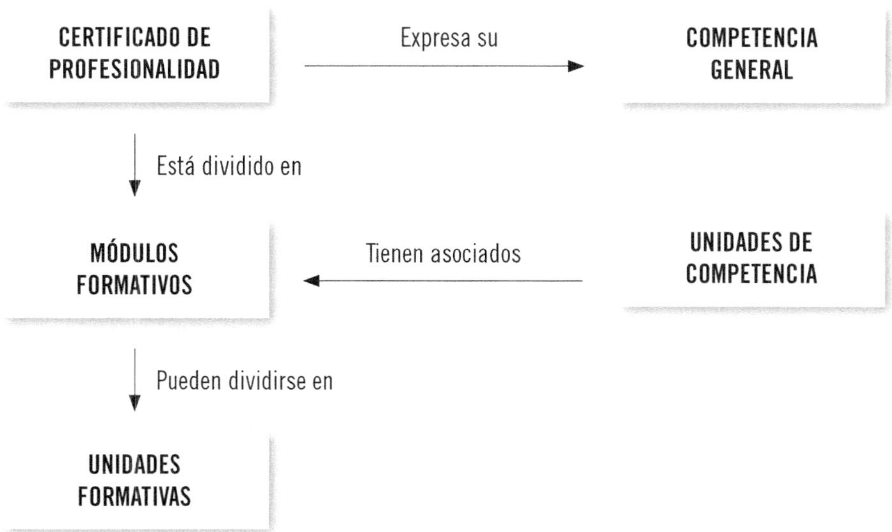

El presente manual desarrolla la Unidad Formativa **UF0252: Especificaciones de calidad en impresión, encuadernación y acabados,**

perteneciente al Módulo Formativo **MF0205_3: Gestión y control de la calidad,**

asociado a la unidad de competencia **UC0205_3: Controlar la calidad del producto, a partir de las especificaciones editoriales,**

del Certificado de Profesionalidad **Producción editorial.**

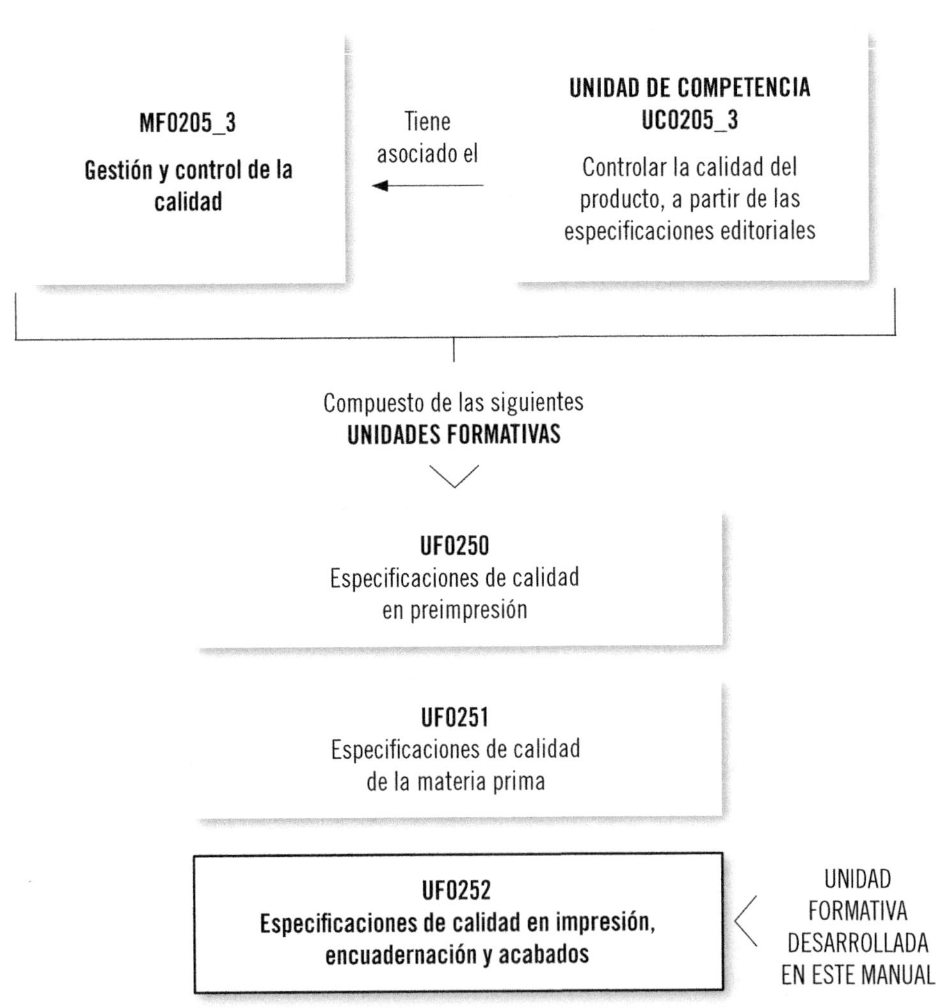

FICHA DE CERTIFICADO DE PROFESIONALIDAD

(ARGN0109) PRODUCCIÓN EDITORIAL (R. D. 1213/2009, de 17 de julio)

COMPETENCIA GENERAL: Realizar la planificación y el seguimiento de la producción editorial, teniendo en cuenta los factores de calidad, costes y tiempos.

Cualificación profesional de referencia	Unidades de competencia		Ocupaciones o puestos de trabajo relacionados:
ARG073_3 PRODUCCIÓN EDITORIAL (R. D. 295/2004, de 20 de febrero; anexo LXXIII)	UC0204_3	Planificar la producción a partir del análisis de las especificaciones de los originales	• 3029.028.0 Técnicos en producción editorial • 3073.006.7 Técnicos en control de calidad • Responsable del área de publicaciones • Responsable de aprovisionamiento y contratación de servicios gráficos
	UC0205_3	Controlar la calidad del producto, a partir de las especificaciones editoriales	
	UC0206_3	Gestionar la fabricación del producto gráfico	

Correspondencia con el Catálogo Modular de Formación Profesional

Módulos certificado	Unidades formativas	Horas
MF0204_3: Planificación de la producción editorial	UF0248: Planificación del producto editorial	70
	UF0249: Elaboración del presupuesto	40
MF0205_3: Gestión y control de la calidad	UF0250: Especificaciones de calidad en preimpresión	50
	UF0251: Especificaciones de calidad de la materia prima	40
	UF0252: Especificaciones de calidad en impresión, encuadernación y acabados	60
MF0206_3: Gestión de la fabricación del producto gráfico	UF0253: Contratación y supervisión de trabajos de preimpresión	40
	UF0254: Contratación y supervisión de trabajos de impresión, encuadernación, acabados y gestión de materias primas	50
	UF0255: Análisis y control de la desviación presupuestaria del producto gráfico	30
MP0060: Módulo de prácticas profesionales no laborales		160

Índice

Capítulo 1
Parámetros de la calidad en impresión

Capítulo 2
Parámetros de la calidad en encuadernación y acabados

Capítulo 3
Seguimiento de la calidad en la impresión. Encuadernación y acabados

Capítulo 1

Parámetros de la calidad en impresión

Contenido

1. Introducción

El término **preimpresión** abarca las diferentes fases de trabajo previas a imprimir un producto. Es muy importante realizar pruebas durante todo el proceso de producción gráfica, ya que permiten controlar, detectar y corregir posibles errores en una etapa concreta, antes de dar paso a la siguiente; con lo que se ahorra tiempo, recursos y dinero. Debe asegurarse bien el resultado deseado antes de pasar a la siguiente etapa, para ello hay diferentes sistemas de revisión de pruebas.

¿Qué es la preimpresión? Se denomina así a las fases de trabajo y tecnología necesarias para generar archivos digitales optimizados para impresión. La preimpresión abarca: creación de archivos en pdf de alta resolución, optimización para impresión de imágenes y documentos, control de la imposición y lineatura de trama, tecnologías como PostScript, pdf y las diversas pruebas de color.

2. Análisis de las características de la prueba de impresión

La fase de **preimpresión** es muy importante en el proceso gráfico, ya que cualquier error no detectado a tiempo puede ocasionar problemas en una fase posterior y que haya que volver a repetir todo el proceso. Por ello, existe una serie de pruebas que permiten revisar el trabajo antes de entrar a imprenta.

Actualmente, se cuenta con una gran variedad de pruebas de impresión, unas más económicas que otras, pero que permiten comprobar todos los elementos que componen un proyecto gráfico antes de llegar al resultado final.

Dependiendo del cliente, del producto y su funcionalidad, del diseñador y del impresor —que deben mantener un buen diálogo—, el resultado final del producto impreso será de calidad y con buen acabado.

2.1. Revisión y pruebas

Antes de comenzar el proceso de impresión es necesario revisar el texto, las imágenes y la maquetación con el objeto de comprobar que todo está correcto y evitar errores en etapas posteriores que pueden resultar costosos. La fase de **preimpresión** permite revisar el producto antes de imprimirlo.

En la actualidad, hay muchas formas de supervisar el documento original: utilizar archivos pdf y revisarlos en el monitor del ordenador, para lo cual es muy importante que esté bien calibrado; imprimir pruebas en blanco y negro o color en una impresora láser; o hacer pruebas de color. En caso de tratarse de producciones importantes, puede hacerse una prueba en una prensa de impresión antes de realizar el tiraje definitivo.

Todos estos procesos tienen como fin garantizar que los pasos se efectúen según lo planeado.

Es importante a la hora de revisar el trabajo determinar la responsabilidad del cliente, productor e imprenta. El cliente debe comprobar que el contenido, la maquetación y el color sean los correctos; mientras que la imprenta debe comprobar que el original y las pruebas estén ajustados al proceso de impresión y el papel utilizados. Las imágenes y la maquetación son responsabilidad del maquetador, que debe garantizar el resultado acordado con el cliente.

Importante

Es fundamental determinar la responsabilidad entre cliente, productor e imprenta con respecto a un trabajo, pero es la imprenta la que debe realizar las últimas comprobaciones antes de imprimir, para evitar errores.

Todo ello no exime a la imprenta de revisar el trabajo y prevenir errores, ya que es responsabilidad de la imprenta no imprimir antes de realizar las revisiones pertinentes y garantizar que los originales estén técnicamente correctos.

Los errores más comunes en la producción gráfica son estos:

- Fallos estéticos: errores tipográficos.
- Fallos por *software.*
- Fallos en el documento: por inexperiencia, falta de conocimiento, etc.
- Fallos por errores de preimpresión.

Actividades

1. ¿Qué se entiende por preimpresión?
2. ¿Qué se ha de tener en cuenta antes de avanzar en el proceso gráfico?
3. ¿Cuáles son los errores más comunes en el proceso gráfico?

2.2. Tipos de pruebas

Existen numerosos tipos de pruebas para poder comprobar los fallos más comunes en la producción gráfica antes de enviar el proyecto a imprenta. Según las necesidades del cliente y del producto, el tipo de prueba variará. Las más utilizadas actualmente son las pruebas remotas, que se comprueban en el momento e in situ; pero para ello se debe contar con un monitor bien calibrado, así no se encontrarán sorpresas y cambios de color cuando se haya impreso el proyecto. Hay otras pruebas que incluyen impresiones y maquetas del producto impreso donde comprobar colores, tipo de papel y calidad.

Para todas ellas resulta crucial comprobar la colocación del texto, colocación de las imágenes, pruebas ortotipográficas, calidad de la imagen, el formato, partición de palabras, la composición de párrafos y los saltos de línea; además del formato, la mancha de texto y las sangres.

Pruebas de prensa (o pruebas húmedas)

Estas pruebas se obtienen en una prensa especial de pruebas para la impresión *offset.* Una prensa de pruebas es una impresora *offset* que imprime uno o dos colores, con alimentación de papel manual. Se obtiene una plancha a partir de películas o mediante el sistema CTP (si se hace el trabajo íntegro en este sistema, se obtendrá una prueba fiel). Estas pruebas implican la impresión de una pequeña cantidad de copias del diseño final.

Actualmente, se suele recurrir preferentemente a las pruebas digitales o las pruebas láser pero, a diferencia de estas, las pruebas de prensa permiten usar la tinta y el papel reales que se usarán en el producto final, por lo que la verificación de calidad siempre será más fiel.

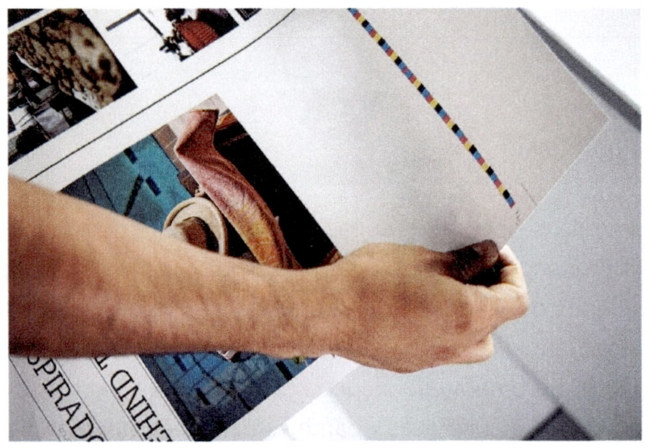

Las pruebas son herramientas vitales en todo proceso de impresión.

Importante

Las pruebas digitales resultan más económicas para el cliente, pero hay que tener en cuenta la importancia de tener un monitor bien calibrado.

Pruebas en pantalla (*soft-proofs*)

El método más económico y rápido consiste en utilizar archivos pdf compatibles y revisar textos e imágenes en el monitor del ordenador.

Para ello, se debe tener el monitor correctamente calibrado y así se podrán comprobar los colores en pantalla. Las pantallas utilizan un sistema de color aditivo (RGB) y en la imprenta se usa un sistema sustractivo (CMYK); por lo que no es posible confiar al 100 % en conseguir una réplica exacta del producto impreso en relación con lo visto en pantalla. Sin embargo, es necesario hacer una prueba de color antes de la impresión.

Las pruebas en pantalla permiten comprobar la colocación de los textos, imágenes, logos e ilustraciones; revisar la ortografía, la colocación de párrafos, formato, saltos de línea, sangres, etc.

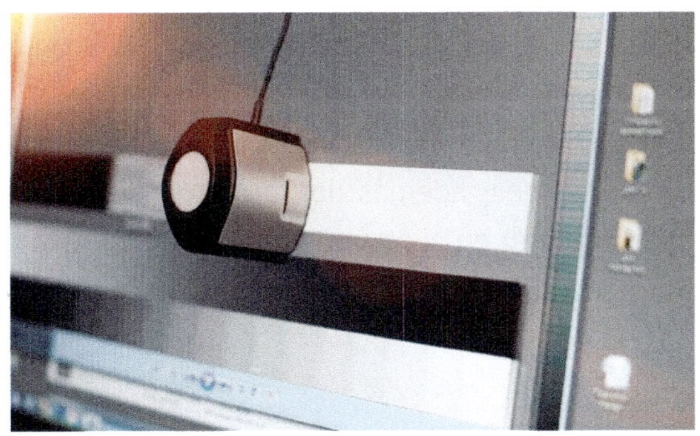

Para realizar las pruebas en pantalla es muy importante tener bien calibrado el monitor, ya que podrían encontrarse resultados inesperados.

Nota

Para la calibración de pantalla se suelen usar dispositivos como los espectrógrafos o colorímetros, que miden la calidad del color de la pantalla. Sin embargo, actualmente se está prefiriendo cada vez más el uso de herramientas informáticas.

Pruebas *preflight (software* de comprobación para impresión)

El término *preflight* se refiere al control técnico que verifica que los documentos digitales son correctos y óptimos para el proceso de impresión, el papel y la manipulación y encuadernación previstos. Lo lleva a cabo la imprenta.

Las posibles correcciones se realizan en los programas en los que se crearon los originales *(QuarkXpress, Indesign...)* o bien, en el archivo pdf. Se debe tener en cuenta que la mayor parte de los documentos que pasan a producción presentan errores que deben corregirse y los programas de *preflight* ayudan a detectarlos, reduciendo así costes o pérdida de tiempo.

Pruebas en impresora láser o electrostática (prueba de guía)

Las pruebas de guía o copias láser pueden utilizarse para comprobar imágenes, textos y cualquier elemento gráfico del documento.

Son especialmente útiles para revisar tipografías, la ubicación de imágenes, textos, logotipos, ilustraciones, etc. y hacer correcciones ortotipográficas en el texto. También puede observarse la partición de palabras, la composición de párrafos y los saltos de línea; además del formato, la mancha de texto y las sangres. Lo ideal es imprimir en el mismo formato que tendrá el producto final impreso.

La impresora láser o electroestática es una de las opciones más económicas, aunque no se recomienda para comprobar imágenes.

Pruebas de color (o de alta calidad)

Estas pruebas son una impresión en color que simula el aspecto del producto final impreso.

Tradicionalmente implicaban una relación contractual entre imprenta y cliente y se realizaban a través de fotolitos, siendo el impresor el encargado de reproducir la prueba de color con la mayor exactitud posible. Muchos de los fabricantes de estos sistemas dieron los nombres a las pruebas de color: Cromalin, Chroma, Colorart o Matchprint son algunos de ellos.

Sabía que...

Las pruebas Dupont Cromalín eran las únicas pruebas de color con certificado estándar, aprobadas por todas las imprentas. Eran las pruebas de color más fiables, aunque hoy en día están en desuso.

La prueba de color constituye una garantía de que el trabajo de preimpresión se ha realizado correctamente. Se usa como guía en relación producto final/expectativas del cliente.

Hoy en día las pruebas de color se llevan a cabo en una impresora de color avanzado, de inyección de tinta o inkjet. Deben estar ajustadas a perfiles ICC (conjunto de datos que caracteriza a un dispositivo de entrada o salida de color, o espacio color, según los estándares promulgados por el Consorcio Internacional del Color, como SWOP o ISO), simulando el resultado de la impresión final. La mayoría de las pruebas llevan una barra de color y se comprueban con un densitómetro. Se adjunta una etiqueta con las posibles discrepancias por exceso o defecto (tiras de control), que muestra el estándar requerido. Los estándares internacionales incluyen SWOP *(Specifications for Web Offset Publications)* en Estados Unidos, FOGRA en Europa, y Pass4Press para Reino Unido.

La mayoría de las veces se recomienda realizar una prueba de color para asegurar el resultado final y así quedar satisfechos con el producto.

Existe un par de limitaciones en lo que respecta a las pruebas de color: la elección del equipo es determinante y su mantenimiento es esencial, ya que las impresoras profesionales requieren una gran atención para poder producir resultados de calidad.

Ahora muchos sistemas de pruebas de color permiten imprimir en el tipo de papel escogido o alguno similar; sin embargo, hay técnicas de impresión, tipos de papel y de tintas que son difíciles de simular en una prueba de color; ello implica un grado de exigencia aún mayor en concordancia al resultado del producto impreso final.

Lo ideal es escoger el papel más parecido para garantizar un buen resultado.

Los primeros sistemas de pruebas se realizan con la tecnología de chorro de tinta continuo *(Continuous Inkjet,* CIJ), aunque la tecnología más reciente hace uso del goteo bajo demanda *(Drop On Demand,* DOD), con una calidad similar, pero más económica. Los sistemas de pruebas de chorro de tinta más corrientes son aquellos suministrados por empresas como Kodak, sobre todo, aunque existen otros que se han ganado la aprobación por parte de la industria, más económicos como CGS Oris, EFI, ICG y GMG. Sin embargo, los más utilizados son kodak Matchprint, tanto el Inkjet como el Virtual, Kodak Approval y Kodak Prinergy, sistemas que realizan muestras de color precisas y de alta calidad en una amplia variedad de sustratos, aunque su coste es elevado, por lo que se recomienda para imprentas que realizan producción en masa.

La prueba de color antiguamente constituía un "contrato" entre impresor y cliente. Hoy día son una garantía del trabajo bien hecho durante el proceso de preimpresión.

Pruebas remotas

En la actualidad, este sistema cada vez está más extendido, ya que es el más económico. El cliente puede comprobar el archivo enviado electrónicamente en un monitor calibrado con el monitor de la imprenta que imita los valores cromáticos que se pueden conseguir y anotar las correcciones necesarias.

Este tipo de pruebas gozan cada vez de más aceptación por ser rápidas y económicas. Además, permiten una comprobación inmediata y una aprobación de calidad "in situ".

Precisamente, las empresas que ofrecen mayor calidad en producción y reproducción gráficas han sido las primeras en hacerse eco de este sistema.

Cuando todo el proceso de preimpresión se ha llevado a cabo correctamente y el cliente recibe las pruebas de color, debe comprobar tamaño, calidad, valores cromáticos, imperfecciones, etc.

Las pruebas de color deben comprobarse en unas condiciones de iluminación correctas. Lo ideal es que se realicen en una **cabina de visión con iluminación estandarizada,** que simula la luz natural; si no, a la luz natural.

Es importante que cliente e impresor realicen las comprobaciones bajo las mismas condiciones lumínicas, evitando así el **fenómeno del metamerismo,** en el que ojo humano dependiendo de las condiciones de iluminación percibe el color de una misma imagen de diferente manera.

Pese a todas las correcciones, debe volverse a revisar todo meticulosamente por si llegados a esta fase, se detecta algún error que haya pasado desapercibido al ojo humano.

Cabina de iluminación

El cuentahilos es otra herramienta que permite comprobar el trabajo muy a fondo (© Fotografía: César Alexanian vía web - CC BY-SA 3.0).

Aplicación práctica

Le encargan como diseñador un proyecto que consiste en la impresión de un libro de arte, por tanto, contiene un gran número de imágenes, ilustraciones, etc. También contiene mucho texto. Indique y explique cuál es el proceso a seguir antes de enviar el trabajo final a imprenta. ¿Cómo sería la fase de preimpresión? ¿Qué contenidos debe corregir y repasar antes de entrar en fases finales? ¿Cuáles son los primeros elementos que hay que observar antes de avanzar etapas de preimpresión?

Solución

Es muy importante a la hora de revisar el trabajo determinar la responsabilidad del cliente, productor e imprenta. En base a esto, el cliente debe comprobar el contenido, la maquetación y el color; por otro lado, la imprenta debe comprobar el original y las pruebas que se ajusten al proceso de impresión y el papel y tintas utilizados. Las imágenes y maquetación deben ser revisadas por el maquetador-diseñador.

Es muy importante hacer comprobaciones en el monitor o pantalla, para ello debe tenerse calibrado —con un calibrador de pantalla— y que así no se encuentren sorpresas en el momento de la impresión. En la pantalla, que es el método más económico y mediante pruebas remotas, que pueden realizarse en el momento, bien mediante el teléfono directamente con el cliente o mediante pdf (en el que se introducirán comentarios si así los precisara), se pueden realizar muchas comprobaciones antes de imprimir.

Las pruebas en pantalla permiten comprobar: la colocación de los textos, imágenes, logos e ilustraciones; revisar la ortografía, la colocación de párrafos, formato, saltos de línea, sangres, hacer correcciones ortotipográficas y comprobar la calidad de las imágenes que deben estar en CMYK y a 300 ppp.

Una vez comprobado todo esto, en el monitor se puede hacer una prueba económica mediante una impresora láser o electroestática. Aquí es posible comprobar párrafos, sangres, colocación de textos e imágenes; sin embargo, el color de la imagen no es fiable.

Cuando se haya comprobado todo esto, puede hacerse una prueba de color (de alta calidad), mediante perfiles ICC en una impresora inkjet. Con este tipo de prueba se obtiene una maqueta que simula el aspecto del resultado final del proyecto. Mediante las tiras de control y un densitómetro se observará la correcta aplicación de color. Esta prueba es la que se asemeja más al resultado final. También puede usarse una cabina de visionado para ver el color en las imágenes con una luz natural o neutra y un cuentahílos.

2.3. La imposición

Es la fase previa a la impresión final del producto. Consiste en el correcto posicionamiento de las páginas en las planchas, para que cuando se impriman se reproduzcan en el orden y posición adecuados.

Consejo

Al imprimir es muy importante dejar márgenes de entre 3-6 mm, para facilitar el corte y plegado en las fases posteriores.

Las máquinas imprimen en múltiplos de 4 (4, 8, 16, 32...), por lo que el impresor debe crear un esquema de imposición que imprima el número de páginas en una máquina de la forma más económica.

También debe hacerse un esquema de las tintas (1, 2, 3, 4) que se van a usar por página, el cual debe entregar el impresor al cliente.

Así se puede planificar la maquetación de las páginas en función de las tintas.

Los trabajos se imponen en un solo pliego, sin embargo, en las máquinas a hojas se imponen a "tiro y retiro" o "blanco y vuelta"; esto quiere decir que todas las páginas se imprimen en una hoja y luego se les da la vuelta y se corta en dos.

Para todo ello, se usan fotocomponedoras y filmadoras de planchas. A partir de un PDF, estos programas posicionan electrónicamente el orden de las páginas en el orden correcto.

Consejo

La imposición se utiliza para la organización correcta de las páginas en cada cara de una hoja impresa, de modo que, cuando se impriman, se plieguen y se corten; presenten el orden adecuado.

Actividades

4. Enumere los tipos de pruebas de impresión existentes y resuma brevemente en qué consisten.

Aplicación práctica

Le envían un folleto con 18 páginas, pero al imponerlo deben ser múltiplos de 4, ¿qué solución plantea?

SOLUCIÓN

La imposición es la fase previa a la impresión final del producto. Se trata del correcto posicionamiento de las páginas en las planchas para que cuando se impriman, se reproduzcan en el orden y posición correctos. Para ello, el impresor debe crear un esquema del paginado y deben ser múltiplos de 4. Por lo que las páginas del folleto que se plantean, 18, no se podrían imponer. Como solución habría que reducir el contenido en dos páginas; quedándose 16 páginas, ya sería múltiplo de 4 (4 x 4 =16); o bien, aumentar el contenido otras dos páginas, 18 + 2 = 20 (4 x 5 = 20), también sería múltiplo de 4. Así saldría la imposición de las páginas de forma correcta.

3. Contraste de impresión visualmente

Aunque lo correcto es hablar de "contraste relativo de impresión", se habla de una imagen "contrastada" cuando presenta detalle en las zonas oscuras. El contraste de impresión es la capacidad que posee el proceso de reproducción utilizado para reproducir detalle en las zonas oscuras.

Para ello, debe tomarse en cuenta el valor de la ganancia de punto. Si la ganancia de punto es moderada/baja, se reproducirán diferencias tonales en las sombras. Por el contrario, si es elevada, el contraste será deficiente.

El contraste de impresión se mide en porcentajes. Se calcula comparando la densidad existente entre la zona de masa con la existente en la diferencia entre la densidad en la zona de masa y la zona de trama:

$$((Dm-Dt) / Dm) \times 100$$

Se considera un contraste superior o mejor cuando los porcentajes resultan altos.

Recuerde

Una imagen debe tener contraste para que disponga de calidad y detalle en la impresión, por lo que deben percibirse la claridad y las sombras.

Hay una serie de estándares ISO que hacen referencia a porcentajes y tipos de papel:

Material impreso / Color	Cian	Magenta	Amarillo	Negro
Papel estucado alta calidad	42	38	40	50
Papel estucado brillante	40	36	38	45
Papel estucado mate	35	33	34	40
Papel supercalandrado	28	24	26	32
Papel *offset*	22	20	21	25
Papel de periódico	17	14	13	15

El contraste de una imagen es muy importante, ya que aporta detalles y calidad a un proyecto impreso (© Fotografía: Escarlati vía web - CC0).

4. Imágenes de control (tiras de control)

Las tiras de control son un tipo de pruebas de impresión muy populares y de gran utilidad para el impresor. Pueden encontrarse en la prueba y en la hoja impresa, en los márgenes del proyecto (fuera del área de corte), o bien dentro de la impresión, si el cliente lo permite.

Aportan información a la imprenta o empresa de reproducción. Consiste en utilizar muestras de distintos matices para medir cualitativamente y cuantitativamente la calidad de la impresión en los siguientes aspectos:

- Comportamiento de las tintas
- *Trapping* o aceptación de las tintas
- Ganancia de punto o aumento del valor tonal
- Contraste de impresión
- Equilibrio de grises

- Error de tono
- Grisura
- Corrimiento/Doble impresión
- Control de pasado de las planchas

Se pueden interpretar mediante un densitómetro y así ver que la densidad de los colores impresos y la de la barra de color es la misma.

Con los avances tecnológicos actuales es posible que el ordenador que controla las tintas sea capaz de interpretar esta información automáticamente.

La tira de control se compone de:

1. Una muestra de los valores CMYK en masa:

2. Muestra de doblamiento y deslizamiento:

3. Muestra de sobreimpresión de 2 y 3 colores (para poder medir el equilibrio de grises):

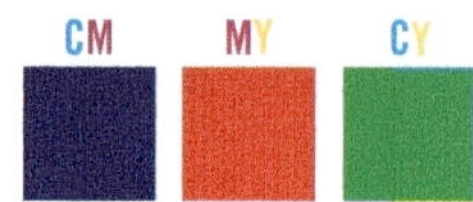

4. Muestra de diferente valor tonal:

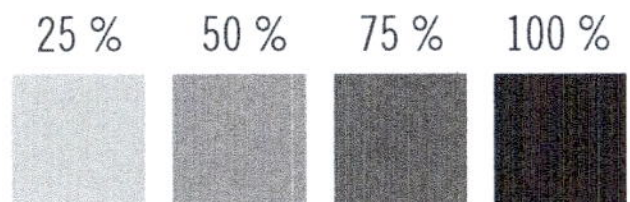

5. Una vez obtenido el producto impreso, deben evaluarse las tiras bajo una fuente de luz adecuada y con un densitómetro calibrado para que ofrezca la información adecuada y poder realizar un producto impreso final con la mejor calidad.

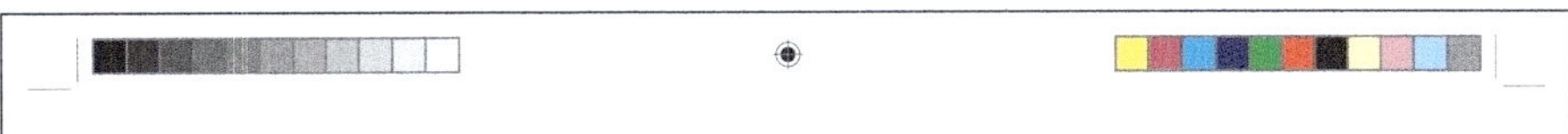

6. Las tiras o barras de control aportan información del color, se miden con un densitómetro y se encuentran tanto en la prueba como en la hoja impresa (fuera del área de corte).

Comprobación de las pruebas con las tiras de control

7. En algunas aplicaciones, las tiras de control pueden incluso incluir códigos de barras o QR, con información adicional sobre la muestra, como datos de calibración o ajustes de color.

Nota

Para evaluar las tiras de control, también se utiliza un cuentahílos. Es una lupa que se coloca sobre la imagen que se está observando y ofrece un aumento de 8x, eso sí, debe estar muy limpio, si no, no sirve de nada.

Actividades

5. ¿Qué información aportan las tiras de control?

5. Densitometría, colorimetría, espectrofotometría

La **densitometría** da información sobre el color evitando la subjetividad del profesional y la incidencia de la luz sobre el papel. Mide la densidad de la tinta sobre el producto impreso y es una herramienta muy útil para comprobar si se ha oscurecido el color. Para ello, se utilizan unos aparatos que son los **densitómetros,** que se acercan bastante a cómo percibe la luz el ojo humano.

5.1. La densitometría

La densitometría permite controlar la impresión, evitando la subjetividad del impresor o la influencia de la iluminación sobre el color. Estas mediciones se llevan a cabo mediante un densitómetro, aparato con el que se miden densidades y porcentaje de punto, convirtiéndose en un instrumento de control de calidad muy útil.

El densitómetro aporta información sobre el oscurecimiento de un punto

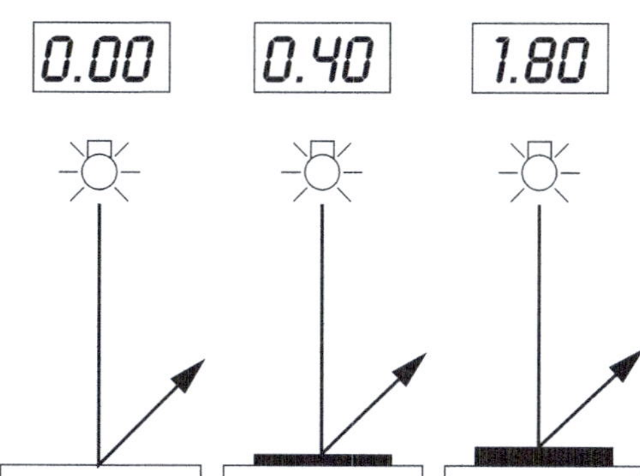

Existen dos tipos de **densitómetros:**

- **De reflexión:** se usa en ORIGINALES OPACOS y mide la luz reflejada en un impreso opaco.
- **De transmisión:** se usa en ORIGINALES TRANSPARENTES, mide la cantidad de luz que se transmite a través de un original transparente.

Densitómetro de reflexión y densitómetro de transmisión

El densitómetro consta de tres componentes esenciales:

1. Sistema de iluminación
2. Sistema de captación y medida
3. Sistema de procesado de señales eléctricas

Funcionamiento

El funcionamiento de un densitómetro se aproxima bastante a cómo percibe la luz el ojo humano.

El densitómetro posee una luz que incide mediante un sistema de lentes sobre una superficie; dependiendo del espesor de la tinta, absorbe parte de la luz y refleja la restante. Esos rayos que emergen van hacia un receptor (fotodiodo), que lo transforma en energía eléctrica.

Definición

Fotodiodo
Es un semiconductor sensible a la incidencia de la luz visible o infrarroja. Se comporta como una célula fotovoltaica.

La medición resultante se compara con un valor de reflectancia y calcula la capa de tinta, proporcionando un valor en pantalla.

Para las densidades de color se utilizan filtros complementarios: rojo, para medir la tinta cian; verde, para la tinta magenta; y la azul para medir la tinta amarilla; para el negro se utiliza un filtro neutro.

Los densitómetros se emplean para controlar el desarrollo de una tirada y evaluar así las características de un impreso:

a. Regularidad en el color de una hoja.
b. Uniformidad de color en toda la hoja.
c. Control de la ganancia de punto que se está obteniendo.
d. Espesor relativo de la capa de tinta.
e. Coincidencia del color con el de la prueba de color.

Deben tomarse una serie de precauciones:

1. Calibrar el densitómetro con las tiras adecuadas.
2. Evitar suciedades en la óptica del aparato.
3. Revisar los filtros.
4. Ajustar a "cero" sobre el blanco del soporte, así siempre se resta la densidad del soporte, salvo en las ocasiones en que se necesite conocer el impacto visual total del papel y la tinta conjuntas.

Actividades

6. ¿Qué es y para qué se utiliza un densitómetro? ¿Cuántos tipos de densitómetros existen?

El diagrama de Gaft (*graphic arts technical foundation*)

Es un elemento de control de calidad del color impreso. Se obtienen una serie de datos de densidad de un color, que al ser introducidos en unos diagramas, detectan posibles desviaciones. Las tintas ideales son las que en cada color absorben un tercio del espectro y reflejan los otros dos tercios.

5.2. La colorimetría

Es la ciencia que se encarga de medir los colores, determinándolos a través de valores. Estas mediciones se realizan mediante un **colorímetro.**

A lo largo de la historia se han buscado muchos sistemas de ordenación de colores. **Hickethier** superpuso diez cartas cromáticas formando un cubo, con una gradación del 10 %. El resultado no fue muy bueno, ya que había una gran diferencia con respecto al impreso.

Ordenación del color según Hickethier

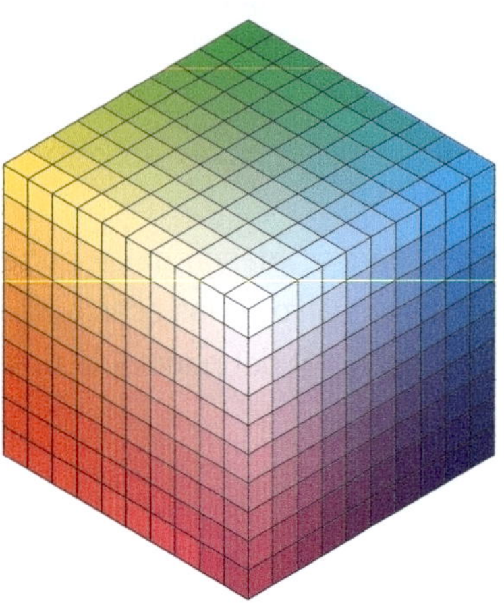

Sabía que...

Alfred Hickethier creó el cubo de color en 1939 y después lo modificó en 1951, basándose en los colores primarios y secundarios. En diagonal, se unía el vértice blanco con el negro, formando la escala de grises.

El primer sistema de ordenaciones de color se debe al pintor norteamericano A.H. Munsell. Él definió los colores partiendo de los tres principales atributos: tono, saturación y luminosidad.

Ordenación del color según Munsell

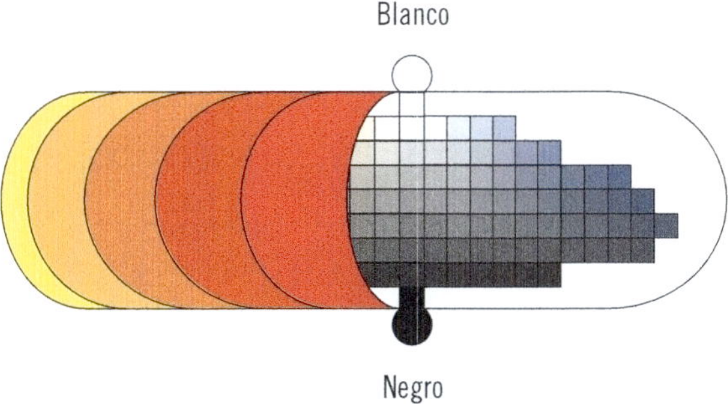

Es en 1931 cuando la Comisión Internacional de Iluminación (CIE), establece un único estándar: **espacio cromático.**

Este sistema describe el color tal y como lo percibe el ojo humano, a partir de valores triestímulos (RGB) y lo representa matemáticamente en 3 dimensiones:

- En un mismo plano triangular se encuentran colores con la misma claridad.
- En dos dimensiones, los de misma cromaticidad.
- En tres dimensiones, los de misma luminosidad.

? Sabía que...

A.H. Munsell era pintor y profesor de arte. Inventó su sistema de color en 1915 y aún hoy día se utiliza como punto de referencia entre los fabricantes de pintura.

Los colores con una misma longitud de onda se representan en los bordes curvados de la gama triangular de los colores visibles.

Pueden observarse diferencias entre los modelos CIE.

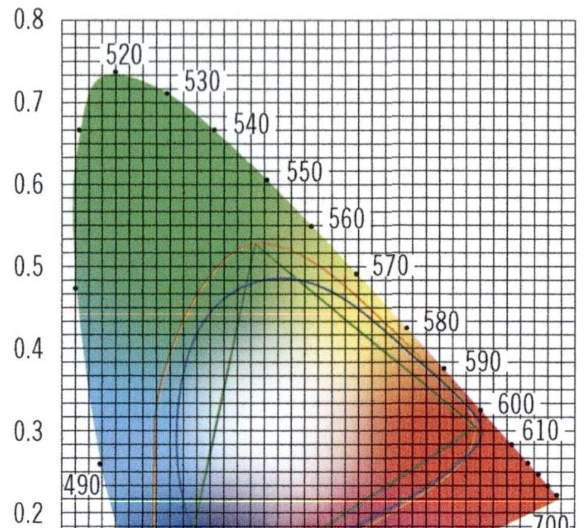

En 1976, surge el modelo Lab; en el que los colores se acercan más a lo que percibe el ojo humano.

Nota

Lab es la abreviatura de la unión de dos espacios de color: CIELAB.

Cuando se comparan dos tonos Lab, la diferencia de cromaticidad entre ellos se denomina **incremento de error o Delta.** Aplicando una fórmula pitagórica se determina la desviación de tono con respecto a la muestra, aceptando un **Delta E** inferior a 3.

Representación del modelo color LAB

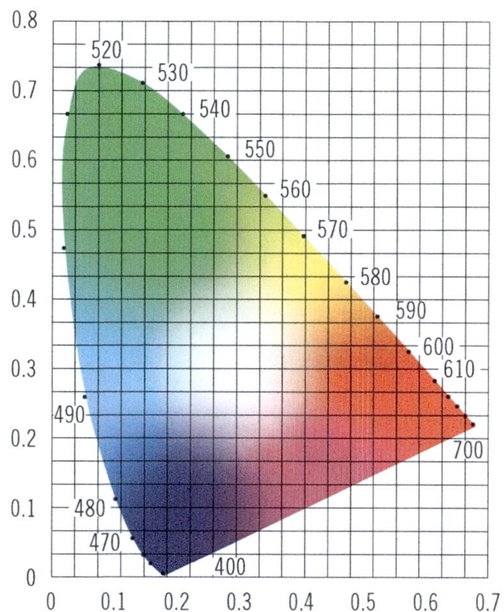

Actividades

7. Enumere algunos sistemas de color.

El colorímetro

El **colorímetro** es un aparato que sirve para medir, a partir de los valores triestímulos, la apreciación del color como el ojo humano. El **colorímetro** impone estándares definidos por CIE.

Colorímetro

El colorímetro se compone de:

- Sistema de iluminación: emitiendo luz sobre la muestra.
- Sistema de captación: al incidir la luz sobre la muestra, los filtros captan señales cromáticas.
- Sistema de procesado: da valores de muestra.

Nota

Ciertos colorímetros vienen equipados con interfaces de comunicación como USB o bluetooth que permiten transferir datos de medición o controlar el dispositivo de manera remota.

5.3. La espectrofotometría

Se encarga de obtener gráficas espectrales de una muestra. Este sistema es el más utilizado en las fábricas de tintas para controlar la calidad cromática del pigmento empleado; aunque cada vez se utiliza más para controlar la reproducción.

Proporciona **gráficas espectrofotométricas** determinadas mediante un sistema de coordenadas y que ofrecen datos sobre tonalidad, saturación o luminosidad.

El espectrofotómetro

Este aparato mide la cantidad de luz reflejada a través de su **curva espectrofotmétrica.** La luz se toma como un único elemento, obteniendo así la gráfica.

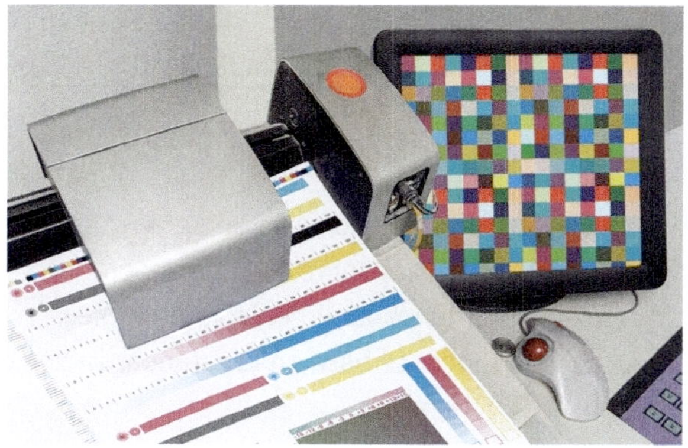

Espectrofotómetro

Está compuesto por:

- Una fuente de iluminación
- Esfera integradora
- Analizador espectral
- Analizador de referencia
- Un microprocesador

5.4. Las bibliotecas de color

Muy populares y extendidas, las bibliotecas de color permiten ver el color sobre un soporte (papel-digital), lo que ayuda a tener una idea del color durante todo el proceso de producción. Son sistemas estandarizados que clasifican tonos. Además, muchos programas como Photoshop o Indesign incluyen bibliotecas predefinidas para facilitar los diseños.

Existen muchas marcas comerciales, las más conocidas son estas:

Sabía que...

Pantone es una empresa con sede en Estados Unidos que ha conseguido que su sistema de definición cromática sea el más reconocido por la industria gráfica, haciendo que Pantone sea el nombre con el que se reconozca al sistema de control de colores.

- Pantone: el más extendido, dispone de una gran gama de tonos.
- Dic y Toyo: utilizados en Asia, sobre todo en Japón.
- Trumatch: unos dos mil tonos fácilmente imprimibles.
- Focoltone: unos 750 tonos, se basa en la estandarización de porcentajes CMYK.

También existen Anpa, HKS o Pantone Matching System, etc. Este último incluye alrededor de 1000 tonos, unos 200 metalizados, tonos transparentes y pastel.

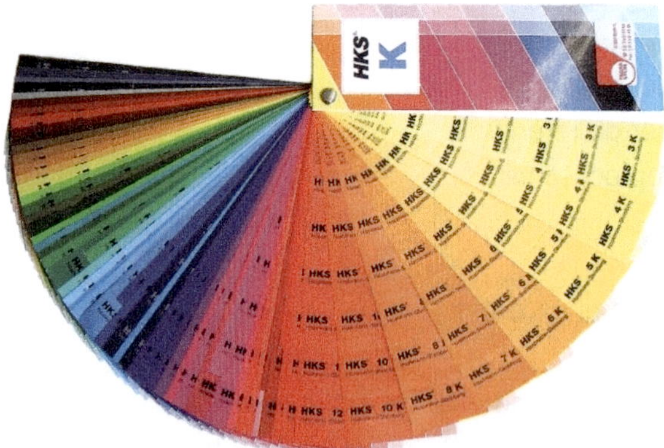

Las bibliotecas de color o cartas de color se han convertido en una herramienta muy importante para orientar al impresor sobre el color deseado, evitando sorpresas en el producto impreso final. (© Fotografía: Threedots vía web- CC BY-SA 3.0)

Actividades

8. ¿Son útiles las bibliotecas de color? ¿Para qué se utilizan? Enumere las más conocidas.

6. Calidad de la imagen

Se vive un momento en el que la presencia de dispositivos móviles, cámaras, escáneres, ordenadores y la generalización del uso doméstico de los programas de edición de imagen han hecho que se asista a una profusión de imágenes digitales.

El hecho de que una imagen sea digital no implica necesariamente que cumpla con los requisitos técnicos y la calidad suficiente como para poder imprimirla.

Por ello, es necesario hacer pruebas y ajustar las imágenes correctamente antes del proceso de impresión.

Para dar una imagen por buena intervienen varios factores. Una imagen con buena calidad es aquella que se realiza en condiciones óptimas y debe contar con la máxima resolución para poder retocarla y ajustarla. Debe contar con una buena gama de colores, contraste, etc. Ello influirá directamente en el resultado final del producto impreso.

Diferencias de resolución y sus efectos en la calidad de la imagen (© Fotografía: JamesDeMers vía web - CC0)

Hoy en día pueden obtenerse imágenes bien mediante un escáner, una cámara fotográfica, bancos de imágenes libres de derechos, Internet... Pero ello no asegura ni la procedencia de la imagen ni la calidad de la misma, por lo que hay que tener en cuenta varios factores para asegurarse de que las imágenes no estropearán el resultado del trabajo final.

Debe comprobarse que la imagen no esté dañada o limitada para poder hacer uso de ella. Comprobar colores y matices y que el modo sea RGB (para almacenarla). La resolución y el tamaño deben ser grandes y que permitan su reutilización varias veces.

Por tanto, una imagen debe estar en RGB a 8 bits, sin comprimir y su peso se medirá en MB (megabytes). Para trabajar con las imágenes deben etiquetarse y nombrarse de forma lógica, que facilite su identificación.

Antes de utilizar una imagen hay que revisarla, porque casi siempre presenta algún defecto que se puede pasar por alto. Los errores más comunes suelen ser: resolución baja, que el modo sea CMYK, puntos blancos y negros, escasa saturación, enfoque/desenfoque, colores poco naturales, falta de matices, errores por compresión en JPG... Para verificar la calidad técnica de la imagen basta con verla en un monitor (bien calibrado), o hacer una prueba de color. El uso de *software* de edición de imágenes como *Adobe Photoshop,* será muy útil para corregir imperfecciones y errores en las imágenes, antes de avanzar en el trabajo.

Es conveniente revisar las imágenes, como se señaló antes; es fácil hacerlo en *Photoshop.* Puede observarse la imagen al 100 % (con el zoom), comprobar el modo de color RGB (canales de color *red, green* y *blue)* o modo CMYK (si se ha preparado ya para impresión). Comprobar los histogramas por canales de color también será muy útil. Para todo ello debe estar bien calibrado el monitor o hacer pruebas impresas, para lo que será necesario contar con una impresora de buena calidad.

Cuando se convierta una imagen del modo RGB al CMYK (para imprimir) debe tenerse en cuenta que se configura mediante perfiles ICC. Esto quiere decir que las imágenes CMYK están preparadas para unas condiciones de impresión específicas. Si cambiase algún factor, como el papel o la máquina de impresión para la que no fueran configurados dichos perfiles ICC, el resultado cambiaría.

El problema más común al que enfrentarse casi siempre es que la imagen tiene una resolución demasiado baja. Por tanto, la impresión no se podrá llevar a cabo ni con el tamaño ni con la calidad deseada, ya que al imprimir, se verán los píxeles de los que se compone dicha imagen. La resolución que se utiliza para web es de 72 ppp; mientras que para imprimir se necesita una resolución de 300 ppp. Si se tuviese una resolución baja, podría modificarse con *Photoshop,* esto se denomina **interpolación;** cabe destacar que todas las imágenes que presenten una baja resolución, no podrán ser interpoladas, ya que este proceso no es "mágico", aunque soluciona en parte el problema.

La calidad de la imagen es muy importante en el resultado final de un impreso, por ello es necesario revisar concienzudamente la resolución, el formato y la procedencia de las imágenes antes de llegar a etapas avanzadas en la impresión (© Fotografía: JamesDeMers vía web - CC0).

Importante

Una imagen para imprenta debe tener 300 ppp de resolución y estar en CMYK; para web, la resolución ha de ser 72 ppp y en modo RGB.

No hay que olvidar que cada vez que se modifica o ajusta una imagen, se pierde información del original; por lo que muchas veces la solución está en volver a escanear la imagen, o si disponemos de un formato RAW volver a utilizarlo o simplemente buscar una nueva imagen que garantice una buena calidad.

Definición

RAW

Archivo utilizado para almacenar imágenes digitales fotográficas de alta calidad. Este formato registra toda la información de la imagen, es una especie de "negativo digital".

En cuanto a los formatos de los archivos de imagen con los que se trabaja, son muchos y variados:

1. **EPS:** archivos gráficos orientados a objetos, aunque también pueden contener imágenes. Se puede modificar su resolución y tamaño, aunque su calidad dependerá del dispositivo de impresión.
2. **GIF:** son archivos gráficos comprimidos, habituales en Internet, pero que no tienen calidad suficiente.
3. **JPG o JPEG:** son archivos comprimidos, de uso extendido. A este formato pertenecen la mayoría de imágenes de Internet y de dispositivos móviles y cámaras de bajo coste. Lo normal es que se guarden como formato tiff antes de ser retocados. Los archivos de alta resolución son ideales para imprimirlos y en 72 ppp, para web.
4. **PDF:** es el estándar para ver e imprimir los archivos creados con programas de edición y/o maquetación. La ventaja es que las fuentes van incrustadas, por lo que no suele haber problemas de visualización, ya que no es necesario disponer de ellas. Los pdf de baja resolución se ven bien en pantalla, aunque no son aptos para imprimirlos.
5. **PSD:** es el formato de los archivos creados por *Photoshop.* Permite guardarlos y modificarlos.
6. **TIFF:** es el formato más utilizado y extendido por la industria gráfica. Son archivos de alta resolución para imágenes compuestas en mapas de bits.
7. **PNG:** es uno de los formatos más utilizados. No pierde calidad y admite transparencia. Se usa sobre todo para imágenes con áreas transparentes, como logotipos o gráficos.

6.1. Consejos para preparar las imágenes para imprenta

Vamos a dar un rápido repaso de cómo preparar las imágenes para poder llevar a cabo el proceso de impresión. Esta fase pertenece a la reimpresión, en la cual se revisarán y ajustarán todas las imágenes para hacer pruebas y poder conseguir la calidad deseada en el resultado final del proyecto impreso.

a. Se empezará a trabajar siempre con imágenes en RGB para realizar todos los ajustes necesarios. Una vez finalizadas todas las correcciones, se procederá a convertirlo en modo CMYK.
b. Si se hiciera una prueba final en una impresora de escritorio, debe tenerse en cuenta que el resultado no será fiel al esperado y que el resultado variará un poco al imprimirse en una imprenta comercial.
c. No usar colores LAB, ya que se basan en los colores luz y no en los colores pigmento. Si se convierten a CMYK, el color presentaría una gran degradación.
d. Comprobar que las imágenes tienen una alta resolución para poder ser impresas, hay que recordar que para imprenta, 300 ppp; para web, 72.

Resolución para web: 72 ppp; para impresión: 300 ppp (© Fotografía: JJ Harrison vía web - CC BY-SA 3.0)

e. El formato de la imagen preparada para imprenta debe ser tiff (alta resolución).

f. Según el tipo de sistema de impresión elegido y de papel, atenerse a la gama de colores imprimibles.

Nota

Los archivos de imagen enviados a imprenta siempre deben estar en formato tiff.

Una vez se tengan comprobados todos los ficheros y estén listos para imprimir, comienza el trabajo del impresor, quien se encargará de dar la mayor calidad al producto y de que el resultado sea fiel a lo deseado.

Actividades

9. ¿Cree que influye la resolución de una imagen en la calidad de impresión de la misma?
10. ¿Sabría decir cuáles son los parámetros básicos para preparar una imagen para impresión y otra para web? Enumere algunos tipos de archivos.

Aplicación práctica

Le envían a su imprenta un pdf con un proyecto maquetado. El proyecto contiene muchas fotos, pero de muy baja calidad, están borrosas y, además, al imprimir, el color no corresponde con el del monitor (su monitor está perfectamente calibrado con perfiles ICC). ¿Qué factores debe comprobar? ¿Cuáles son los parámetros para imprimir imágenes de calidad? ¿Cómo debe prepararse un archivo pdf para imprenta? ¿Qué debe enviarle el cliente?

Continúa en página siguiente >>

<< Viene de página anterior

SOLUCIÓN

Lo primero que habría que comprobar es que los archivos de imagen no estén dañados y no haya limitación en su uso. Después habría que comprobar la calidad de la imagen y el modo de color. Para imprimir, la imagen debe estar en el espacio de color CMYK y tener una resolución de 300 ppp. El formato en el que deben estar guardadas las imágenes es en tiff. Estos serían los parámetros para imprimir un producto con imágenes de calidad. Si las imágenes no tuvieran estos parámetros, habría que solicitar los originales al cliente. Trabajar con modo RGB para después pasarlas a CMYK una vez finalizados todos los ajustes. Si el cliente además precisara de colores concretos, debería facilitarle su código Pantone para que después no haya sorpresas a la hora de imprimir.

No obstante, lo ideal es que pese a que el cliente envíe el pdf, siempre mande una carpeta con las imágenes originales, otra carpeta con las tipografías y los Pantone de color deseados. Esto asegura una calidad de impresión idónea.

7. Estándares y observaciones (especificaciones)

Para regular el producto impreso existen estándares y especificaciones que indican cómo imprimir y dan información de normas sobre tintas, papel, ganancia de punto... Estos estándares son nacionales e internacionales, mientras que las especificaciones son nacionales.

Nota

Estos estándares son válidos para todo el mundo.

Por tanto, existen normas que "miden" lo que se ha impreso; así, se pueden establecer los datos de caracterización de un sistema de impresión. Sin embargo, actualmente aún no hay normas para la creación de los perfiles ICC de los diferentes dispositivos de impresión.

7.1. Estándares de impresión ISO (internacionales)

La ISO *(International Standardization Organization)* está integrada por unas 148 instituciones nacionales de estandarización y normalización, y actúa desde 1947 con sede en Ginebra (Suiza). Se encarga de la normalización de todos los sectores que puedan pasar por este proceso, excluyendo al sector eléctrico y electrónico.

Entre los organismos participantes se encuentran: UNI *(Ente Nazionale Italiano di Unificazione),* ANSI *(American National Standards Institute),* DIN *(Deutsches Institut für Normung),* BSI (British Standards Institution) y AENOR (Asociación Española de Normalización y Certificación).

Las Artes Gráficas están reguladas por el Comité Técnico 130 del ISO. El estándar 12647 titulado **Procesos de control para la manufactura de separaciones de color de semitonos, pruebas y producción de impresos,** ha sido revisado periódicamente desde 1996. Se divide en siete partes, relacionadas con los procesos y procedimientos de impresión:

1. ISO 126647-1. Parámetros y métodos de medición
2. ISO 126647-2. Procesos *offset* en plano y con hueco
3. ISO 126647-3. Proceso *offset* en frío *(coldset)* e impresión tipográfica en papel prensa
4. ISO 126647-4. Proceso de publicación en huecograbado
5. ISO 126647-5. Impresión serigráfica
6. ISO 126647-6. Impresión flexográfica
7. ISO 126647-7. Pruebas de color
8. ISO 126647-8. Impresión digital

En dichas normas se especifican tipos y colores de papel, colores y densidad de las tintas, ganancia de punto... En lo que respecta al color y la opacidad de las tintas se basan en la ISO 2846 **Color y transparencia de las tintas para impresión por cuatricromía.**

1. ISO 2846-1. Impresión litográfica *offset* de hoja y bobina caliente.
2. ISO 2846-2. Impresión litográfica *offset* en frío.

3. ISO 2846-3. Impresión de publicaciones en huecograbado.
4. ISO 2846-4. Impresión serigráfica.

7.2. Especificaciones de impresión

Las especificaciones son estándares nacionales, a diferencia de la ISO; que son estándares internacionales. Son normas de uso en las Artes Gráficas pero con normativas nacionales. Suelen actualizarse a menudo, sobre todo desde que se busca una imprenta sostenible de acuerdo con políticas medioambientales.

- **SWOP *(Specifications for Web Offset Publications):*** son unas normas de uso en Estados Unidos para la impresión en rotativas *offset* en papel estucado. Comenzaron a publicarlas en 1976 y han sido actualizadas en numerosas ocasiones.
- **GRACol:** especificaciones para la impresión en *offset,* desarrolladas desde 1996 por un comité de la Asociación de Comunicaciones Gráficas, la Asociación Internacional de Preimpresión y la Fundación Técnica de Artes Gráficas. Actualmente, también forman parte del comité empresas como DuPont, Fuji, Agfa, etc.
- **SNAP:** especificaciones para impresión litográfica en *offset* en frío, papel prensa. Publicadas en 1984, han sido actualizadas en numerosas ocasiones.
- **G7:** especificaciones para impresión de *offset* y digital, que establece un método de calibración y perfiles de control de color.

7.3. Medidas de caracterización

Un trabajo impreso puede medirse de diversos modos. Distintas organizaciones se encargan de establecer normas de medición y conjuntos de caracterización para los distintos estándares.

Pueden encontrarse: FOGRA, CGATS, Perfiles ICC, etc.

Actividades

11. ¿Qué son y para qué se utilizan los estándares ISO? ¿Qué organismos los determinan?

8. Ganancia de punto, afinamiento y contraste

Se conoce como **ganancia de punto** al engrosamiento durante el proceso de impresión de los puntos de la trama de los semitonos. Si se produjera esto, al imprimir la imagen resultaría oscura.

Nota

Se podría decir que la ganancia de punto es como un efecto acuarela sobre el papel.

Se puede apreciar el ejemplo de la siguiente ilustración, donde se observa la ganancia de punto conforme va pasando por los diversos procesos gráficos:

Crecimiento del punto

- 50 % valor original
- +2 % pasado de plancha = 52 %
- +12 % ganancia mecánica = 64 %
- +8 % óptica = 72 %

Esto puede deberse a una mala calibración de la máquina de impresión, mucha descarga de tinta o de agua.

Si no se controla la ganancia de punto, puede alterar el resultado de la impresión; perder detalle, variación de color, problemas de contraste, visibilidad de las tipografías...

Para evitar la ganancia de punto, debe controlarse esta tanto en el papel como en el proceso de impresión.

Se produce un aumento en los puntos de la trama cuando se trasladan a la plancha o película en negativo. Por el contrario, si la plancha o película está en positivo, el punto tiende a disminuir **(pérdida o afinamiento de punto).**

La ganancia de punto puede producirse también durante la impresión, al pasar la tinta al papel, por lo que también influirán las características de los diferentes tipos de papel.

También afecta el proceso de impresión; según el tipo de impresión que se elija, puede encontrarse con una mayor o menor ganancia de punto.

Existen dos tipos de ganancia de punto:

1. **Ganancia mecánica:** es aquella que producen las máquinas de imprimir al pasar los rodillos entintados sobre el papel, ese "aplastamiento", puede producir ganancia de punto.
2. **Ganancia óptica:** es un fenómeno visual por el que se crean unas características de absorción de luz de la tinta y la refracción de la luz en la superficie. Le afectan dos factores:

   - Grosor de la capa de tinta impresa, ya que produce sombras y, por tanto, el punto se ve más grande de lo que es.
   - Transparencia del papel, en la que influirá la porosidad del papel y, por tanto, las sombras que genera la tinta en el interior.

La ganancia de punto se mide en porcentajes respecto a valores tonales 40 - 80 %. Se mide con un densitómetro y las tiras de control de impresión.

Controlar la ganancia de punto es muy importante para un buen resultado en el producto final de impresión. Para ello, es importante ajustar los niveles de porcentaje de la ganancia en todos los colores.

Nota

Un fenómeno afín a la ganancia mecánica, es el empastamiento de textos y filetes cuando son demasiado finos.

Actividades

12. ¿Cuándo se produce ganancia de punto? ¿Influye el tipo de papel escogido para imprimir?

Aplicación práctica

Si encuentra en su imagen impresa zonas como la representada en la foto, ¿qué ha ocurrido durante la impresión? ¿De qué efecto se trata? ¿En qué consiste? ¿Qué factores intervienen?

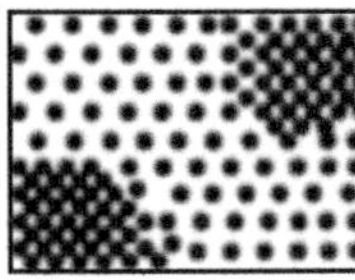

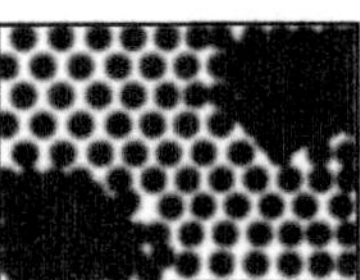

Continúa en página siguiente >>

<< Viene de página anterior

SOLUCIÓN

En esta imagen se observa ganancia de punto. Los puntos que componen la trama de semitono han experimentado un engrosamiento, por lo que se obtendría una imagen oscura. Se produce un efecto acuarela. Puede deberse a una mala calibración de la máquina de impresión o a una descarga excesiva de tinta o de agua. La ganancia de punto ha de controlarse porque puede alterar el resultado de la impresión; puede perder detalle o puede producirse una variación del color, influir en la visibilidad de las tipografías o en el contraste de las imágenes.

Para evitarla, hay que controlar tanto el papel como el proceso de impresión, ya que la ganancia de punto puede producirse también al pasar la tinta al papel.

Para controlar la ganancia de punto, deben ajustarse los niveles de porcentaje de ganancia en todos los colores. Para medirla, se utilizará el densitómetro y las tiras de control de impresión.

Es muy importante controlar la ganancia de punto para asegurar una buena calidad en la impresión.

---

9. Comportamiento de la tinta

En la mayoría de los proyectos de impresión, el papel resulta ser el elemento de coste más elevado, aunque la tinta también supone un gasto significativo. Dependiendo del tipo de proceso de impresión, se utiliza una clase de tinta específica. La tinta debe adecuarse a la máquina, al papel, al soporte de impresión, al secado, al efecto de la luz (diurna/nocturna), toxicidad (embalaje de alimentos). Algunas tintas son líquidas (huecograbado, flexografía) y otras son grasas *(offset).*

Definición

Huecograbado
Sistema de impresión comercial y artístico. Se graban pequeños huecos en una plancha de metal que se rellenan con tinta. Se limpia el exceso de tinta en la plancha y se presiona sobre la superficie donde se quiera imprimir.

Flexografía
Sistema de impresión en altorrelieve, en el que las zonas que deben imprimir están más altas que las que no deben hacerlo.

Grasas *(offset)*
Sistema de impresión en el que se coloca una tinta oleosa sobre una plancha metálica, normalmente de aluminio. Se basa en planchas monocromáticas, por lo que se debe crear una por cada tinta CMYK.

El cliente no suele especificar el tipo de tinta, es el impresor el encargado de dicha labor y de seleccionar la más adecuada tras considerar otros factores como el proceso de impresión, la maquinaria, el papel y el acabado final.

Cada país elabora las tintas de cuatricromía basándose en un estándar propio, aunque la tendencia actual permite ofrecer el mismo resultado sin importar el país donde se imprima, ya que se tiende a una estandarización internacional.

La mayoría de colores especiales suelen especificarse con el *Pantone Matching System,* aunque en ocasiones es el propio impresor el que crea las tintas a mano para que se asemejen a las muestras enviadas por el cliente.

Las tintas metálicas contienen polvos metálicos de aluminio, bronce y cobre que permiten crear efectos dorados, plateados o metálicos.

Tintas de Pantone (© Fotografía: greenchartreuse vía web - CC BY 2.0)

9.1. Clasificación de las tintas

En función del sistema de impresión, del soporte o del material utilizado, se requerirá un tipo de tinta u otro. Puede hacerse una clasificación general de las tintas atendiendo a sus diferentes propiedades:

- **Tintas grasas:** son tintas viscosas basadas en barnices y aceites que contienen resinas y se secan por **oxidación.** Se utilizan en ***offset.***
- **Tintas líquidas:** suelen ser tintas de baja viscosidad y su secado se produce por la evaporación de los disolventes que contiene. Se aplican en **flexografía y huecograbado.**
- **Tintas para serigrafía:** son tintas intermedias, ni muy grasas ni muy líquidas.

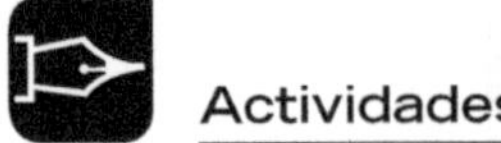

Actividades

13. Clasifique y enumere los tipos de tintas existentes y el sistema de impresión en el que se emplean.

9.2. Composición de las tintas

Cuando Gutenberg imprimía con tipos movibles en el siglo XV, la tinta se componía de aceite de linaza hervido con resina, jabón y negro de humo. Actualmente, las tintas se componen de materiales colorantes (pigmentos y colorantes solubles) y el barniz, que es una mezcla de resinas, disolventes y aditivos.

Sabía que...

Gutenberg inventó los tipos móviles, piezas metálicas en forma de prisma, que contenían un carácter o símbolo en relieve e invertido. Se cree que los inventó sin conocimiento de la existencia de sistemas similares en Oriente.

Se obtienen combinando los ingredientes en un **molino** que los va mezclando hasta conseguir una consistencia uniforme.

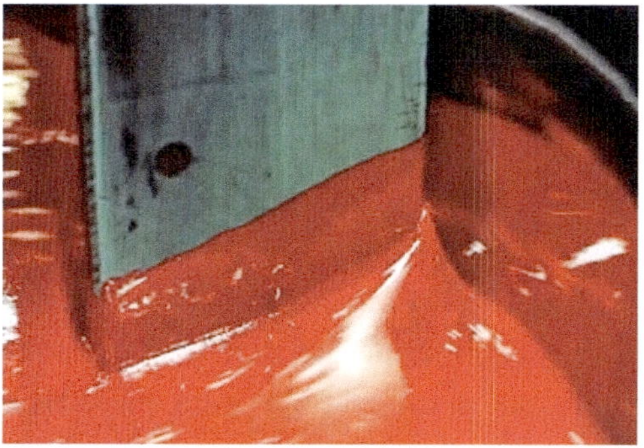

Molino donde se muelen los pigmentos y se preparan las tintas hasta conseguir una consistencia uniforme.

En cuanto a los componentes de las tintas, pueden destacarse los que se describen a continuación.

Polímeros o resinas

Forma el aglutinante para el pigmento. Son los responsables de las propiedades fisicoquímicas como resistencia, adhesión, dureza y flexibilidad. Todo **polímero o resina** debe garantizar ciertas características: solubilidad, viscosidad, compatibilidad con otros aditivos y capacidad filmógena.

Disolventes o líquidos

Se emplean para hacer que la tinta sea líquida y posea la viscosidad apropiada para el proceso de impresión. Los disolventes pueden ser de naturaleza orgánica o agua:

- Deben disolver las resinas.
- Evaporarse progresivamente en el proceso de secado sobre el soporte.
- No deben deteriorar las máquinas
- Deben ser compatibles con el soporte a imprimir.

Pigmentos

Son los responsables de conferir el color a la tinta. Se dispersan en soluciones de resina. Su color es producto de la absorción y/o difusión selectiva de la luz. No deben confundirse con los colorantes, que son sustancias solubles en disolventes o agua.

También se encuentran los pigmentos fanales compuestos por colorantes de triarilmetano (violeta de metilo, verde brillante, rodamina) que reaccionan con el ácido fosfotungsténico o fosfomolíbdico, formando pigmentos. Estos pigmentos tienen menor brillo que los colorantes, pero son más resistentes. Aunque no se recomienda su uso en tintas para envases debido a su toxicidad.

Hay que de tener en cuenta una serie de características a la hora de elegir uno u otro pigmento:

- Ópticas: color y transparencia.
- Resistencia: luz, calor, agentes químicos, abrasión, etc.
- Propiedades físicas: brillo, color, imprimibilidad, sedimentación, poder cubriente, intensidad, etc.

Aditivos

Deben garantizar una buena imprimibilidad y secado. Aquí se integran diversos productos químicos (plastificantes, antioxidantes, catalizadores, ceras, promotores de adherencia, antimicrobiano, tensioactivos, etc.) que se introducen en pequeñas cantidades para potenciar propiedades específicas:

- **Plastificantes, antioxidantes y catalizadores:** son aditivos habituales.
- **Ceras:** reducen la pegajosidad de determinadas tintas, disminuyen la resistencia al deslizamiento de películas, mejoran la resistencia al frote, etc.
- **Antimicrobiano:** es un agente conservador de la tinta en base acuosa, evita el desarrollo de hongos, levaduras y bacterias.
- **Tensioactivos:** mejoran el mojado de los líquidos, por lo que se extienden fácilmente sobre el medio y se obtiene mayor poder de penetración en los poros del soporte aplicado.

Cargas

Son materiales que se agregan a la tinta para modificar sus propiedades y mejorar su rendimiento. Pueden incluir caolín, sílice o carbonato de calcio.

9.3. Secado de las tintas

Hay una serie de factores que influyen directamente en el secado de las tintas en papel: la porosidad del papel, su pH, la humedad y la temperatura.

Porosidad del papel

Durante el proceso de fabricación del papel, las fibras se distribuyen dejando “huecos” denominados poros, por los que la tinta penetrará. Si se aplica una capa de estuco sobre el papel (dependiendo de la cantidad), disminuirá la porosidad convirtiéndose en papel microporoso. Incluso existen papeles metalizados o altobrillo, que los hace totalmente cerrados, careciendo de absorción, por lo que para imprimirlos se necesitarán tintas especiales.

El secado de la tinta depende directamente de la capacidad de absorción del papel, aunque un papel excesivamente absorbente no garantiza un mejor secado de la tinta. El secado de la tinta es óptimo cuando absorbe los aceites minerales y el resto de productos (resinas y aceites vegetales), quedan sobre la superficie del papel. Obviamente, el papel debe tener una absorción mínima, ya que de no ser así, se puede encontrar el problema de repintado: las hojas impresas mancharán el dorso de las que le caigan encima durante el proceso de impresión. Es muy importante, por tanto, que el papel tenga una mínima absorción y durante un tiempo determinado.

Humedad y temperatura

En una imprenta, un exceso de humedad es nefasto tanto para el papel como para la tinta, ya que puede retrasar su secado. Ello es debido a que la tinta posee componentes afines al vapor de agua, por lo que retrasará el **secaje por oxidación.**

Otro factor muy importante es la **temperatura.** Un incremento de temperatura beneficia el secado de la tinta, ya que reduce su viscosidad, favorece la penetración en el papel y disminuye los riesgos de repintado. Una de las mejores formas del secado de tinta se realiza mediante el uso de **rayos infrarrojos** a la salida de la máquina.

PH del papel

Durante la fabricación del papel, se añaden sustancias que determinarán la acidez o alcalinidad de un papel. Según los tratamientos superficiales que lleve, puede determinarse un pH ácido, neutro o alcalino. En la actualidad, el papel suele fabricarse en un pH que oscila entre 6 y 8 (medio neutro).

El pH, si la humedad ambiental es baja, no modifica la velocidad de secado de la tinta en gran medida; sin embargo, si la humedad es elevada, sí puede alargar el tiempo de secado, ya que el papel puede desactivar las propiedades secantes de las tintas.

Actividades

14. Enumere los factores que influyen en el secado de las tintas.

9.4. Métodos de secado de las tintas

Existen cinco métodos principales de secado de la tinta; estos se explican a continuación.

Evaporación

Actúa en tintas que contienen en su composición disolventes líquidos o agua. Se utiliza en las técnicas de impresión de huecograbado y flexografía. La **evaporación** es el método de secado más rápido y efectivo.

Curado químico

Método de secado basado en la **solidificación.** Esto se consigue añadiendo un catalizador antes de la impresión. Es un método parecido al **secado ultravioleta o infrarrojo** para "curar la tinta".

Los trabajos secados mediante este procedimiento pueden pasar a los procesos de acabado al momento, sin embargo, si se emplean otros métodos de secado pueden tardar más hasta llegar a la fase de acabado.

Secado por calor

Este método de secado se emplea para el secado rápido de rotativas y se realiza mediante hornos de gas o electricidad. Este tipo de secado está más generalizado en la impresión de bobinas, ya sea en *offset,* flexografía o huecograbado.

Sistema de secado de tintas con radiadores IR y aire caliente

Sabía que...

Actualmente, existen máquinas de secado por LED, cuya principal característica es el gran ahorro energético.

Penetración

Esta técnica de secado se emplea con papel o cartón, en el cual la tinta es absorbida hacia "dentro" como si fuera papel secante. Evidentemente, no se utiliza en plásticos, láminas o materiales no absorbentes. Este método se basa principalmente en las fuerzas de succión que presentan los poros. Sobre todo se utiliza en la impresión de periódicos.

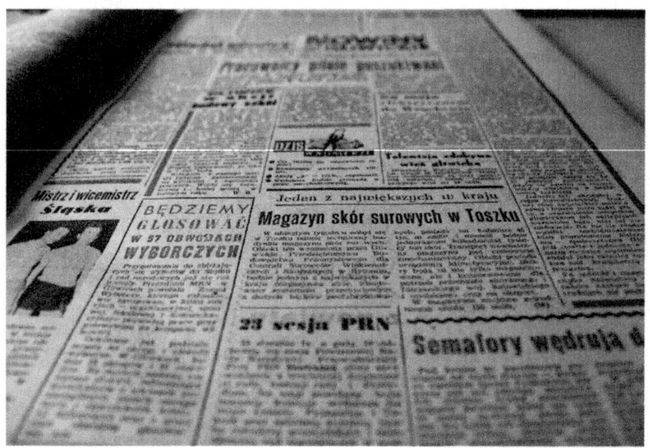

El papel utilizado en periódicos es muy poroso, por lo que la tinta se seca por el sistema de penetración (© Fotografía: Chris_Pluta vía web - CC0).

Actualmente, se sigue usando el *offset,* pero en tintas a base de agua, sobre todo, puede ser más lento el secado y la calidad puede variar dependiendo del sustrato y las condiciones ambientales, por lo que está en desuso.

Nota

La tinta empleada para periódicos es negro de humo disperso en aceite mineral.

Oxidación

En este método de secado, los ingredientes absorben el oxígeno del aire. Esto hace que las moléculas de la tinta se junten en una película que se irá solidificando lentamente.

Este proceso es muy lento, por lo que si se utiliza papel o cartón, se combina con la **penetración.**

9.5. Tintas y medio ambiente

En la actualidad, el impacto medioambiental y la salud humana se tienen muy en cuenta a la hora de fabricar tintas. Factores como la presencia de metales pesados, derivados del petróleo, residuos contaminantes que se producen durante la elaboración y el uso de tratamientos superficiales o barnices hacen que se busquen alternativas que no interfieran ni en el medio ambiente ni en la salud de los seres vivos, ya que las tintas, sus componentes y su fabricación, conllevan la contaminación de suelos y aguas subterráneas, emisión de gases que forman nubes contaminantes, contaminación de aire, enfermedades de tipo respiratorio, cáncer, etc.

Se pueden tomar una serie de medidas que están al alcance de todos con respecto al uso de las tintas y la conservación del medio ambiente:

- Comprar solo maquinaria que cumpla la normativa.
- Recargar cartuchos y comprarlos reciclados.
- Trabajar con distribuidores comprometidos con el medio ambiente.
- Minimizar residuos, reciclar lo máximo posible y ahorrar energía.

10. Transferencia

En un proceso de impresión, uno de los factores más importantes y que más influyen en el producto final es el manejo del proceso técnico en cuanto al control de las tintas y la transferencia de las mismas sobre el papel.

Todo impresor combina experiencia, perspicacia e intuición cuando se imprime, sin embargo, hay numerosas variables que interactúan y que pueden echar a perder un gran proyecto, por lo que es muy importante tomar las medidas adecuadas y adoptar una buena metodología de trabajo.

Es importante que los rodillos de entintado queden bien limpios al finalizar cada trabajo, para garantizar una buena transferencia de las tintas (© Fotografía: Ms. Tharpe vía web - CC BY 2.0)

Transferencia define el proceso por el que pasa la tinta de la plancha al papel. Puede hablarse de una transferencia óptima, cuando la cantidad de tinta que se vierte en el papel es la misma en todas las impresiones realizadas, ofreciendo una gran calidad en la imagen. Así se obtendrá una impresión nítida y rica en matices.

Para llevar a cabo una buena transferencia es muy importante tanto el conocimiento de la tinta, como del soporte y el proceso de entintado.

Importante

Para garantizar un buen proceso de entintado y una buena transferencia de la tinta, los rodillos transportadores de tinta de la maquinaria deben estar muy limpios.

Los sistemas de impresión se clasifican según el número de unidades de tinta que tienen. En cuatricromía, se usan cuatro placas separadas para cada color, que se montan en los cilindros de la prensa, aplicándose después la tinta a cada placa mediante rodillos de tintas, que pueden ser varios. Cada rodillo recoge la tinta y la pasa a otros rodillos. Este proceso se denomina entintado. Se trata de una serie de rodillos diseñados para transportar la tinta de forma controlada a la plancha. La plancha no transfiere la tinta directamente al papel, sino que pasa a un rodillo cubierto de goma y esta pasa sobre el papel.

El proceso de entintado en cuatricromía

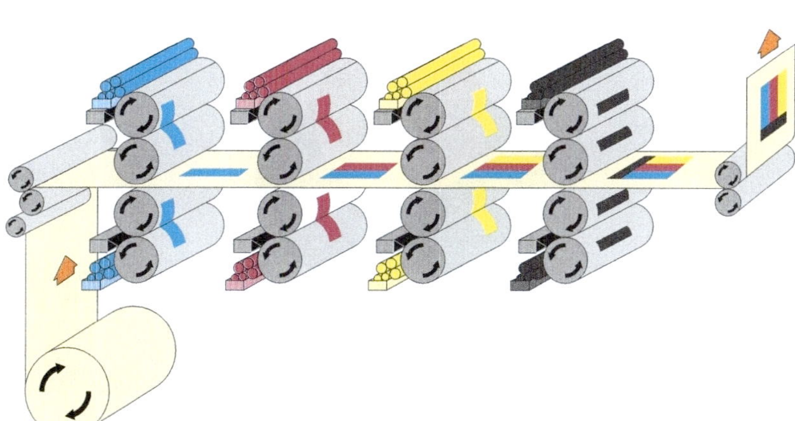

11. Desviación monocromática

La desviación monocromática está ligada a la separación del color. El efecto óptico que se crea en el ojo humano con respecto a la reproducción del color total se obtiene al separar la imagen original en cuatro colores, los tres básicos (cian, magenta y amarillo), más el negro (K, *key,* para no confundirlo con el *blue);* que se añade para aumentar la densidad en zonas oscuras y obtener un detalle más fino.

Este proceso se conoce como **cuatricromía (CMYK),** y su separación da como resultado cuatro planchas, una por cada color.

La combinación de estos cuatro colores reproducidos por pequeños puntos **(trama, semitono)** hacen que se pueda reproducir infinidad de colores. En este proceso interviene directamente la luz.

La luz "blanca" del sol o de una fuente de luz artificial se forma cuando intervienen todos los colores del espectro, denominados colores **"aditivos"** primarios, **RGB *(red, green y blue).***

Espacio de color RGB (red, green, blue), interviene la luz y al unirse todos, resulta el blanco

Si alguno de estos colores se superpone, se da lugar a un tercer color, conocido como primario **sustractivo.**

Así se tiene que:

- Rojo + azul = MAGENTA
- Rojo + verde = AMARILLO
- Verde + azul = CIAN

Cuando se suman el cian, el magenta y el amarillo dan lugar a un marrón sucio, al que se le añade negro y así se consigue un negro sólido y limpio.

Espacio de color CMYK (cian, magente, amarillo y negro)

Los colores primarios sustractivos no aportan una gama tan amplia en la escala de colores como los aditivos primarios, sin embargo, proporcionan un resultado impreso aceptable en entornos CMYK.

Cuando se comienza a trabajar en el proceso de diseño e impresión, todos los ficheros de imágenes son RGB. Una vez está listo para imprenta, todos los ficheros deben estar en CMYK basados en perfiles ICC, por lo que han debido ser convertidos previamente por el diseñador, o en caso contrario, debe hacerlo el impresor.

Recuerde

Los perfiles ICC son los estándares para la descripción de las características de color de impresoras, monitores, pruebas de color, etc.

Antes, las separaciones de color se realizaban fotográficamente. Esto quiere decir que cada color sustantivo primario debía tener su correspondiente filtro de color primario.

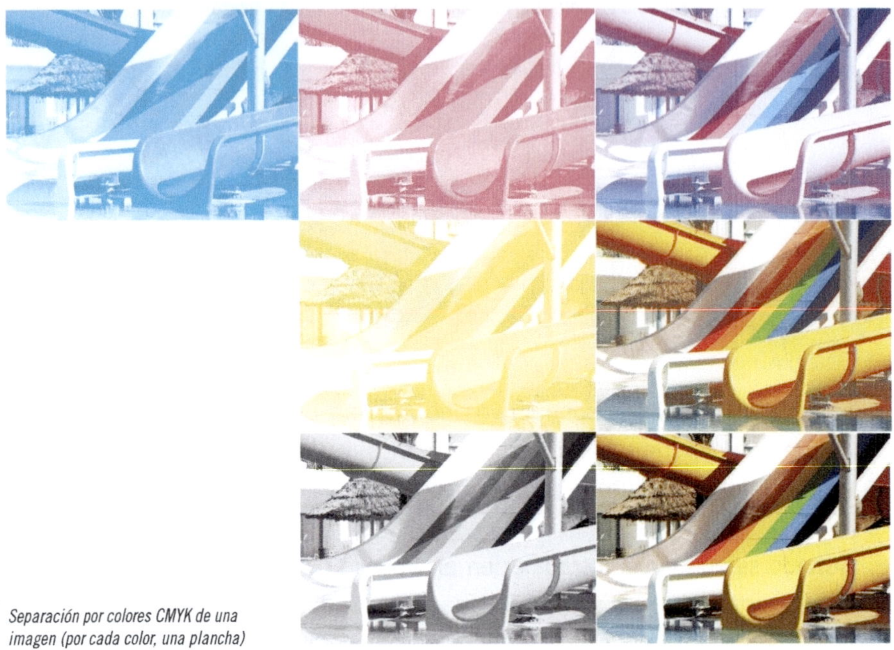

Separación por colores CMYK de una imagen (por cada color, una plancha)

Actualmente, en impresión *offset,* se utilizan las máquinas llamadas Rip para procesar los archivos y separar los colores. Además, también se puede realizar manualmente mediante un *software* de diseño como Photoshop o Illustrator, donde se asignan controles de color, convirtiéndolo a CMYK, con lo que quedaría listo para impresión.

Definición

Escáner
Dispositivo para digitalizar imágenes.

Filmadora
Máquina donde exponen y filman las planchas de impresión. Puede ser de tambor externo y de tambor interno.

Continúa en página siguiente >>

<< Viene de página anterior

RIP *(Raster Image processor)*
Máquina *software* que se encarga de convertir mapas de bits en datos rasterizados que la impresora puede procesar.

Actividades

15. Explique brevemente en qué consisten los espacios de color y para qué se usa cada uno de ellos.

Para comprender cómo funciona la separación de colores y el proceso de impresión en CMYK, es necesario entender el funcionamiento de las transiciones tonales, es decir, las tramas de semitonos y sus tipos, así como su colocación en ángulos y algunos de los efectos que producen como el muaré, las rosetas o el *trapping*. La importancia de la lineatura de trama y el tamaño del punto son importantes a la hora de la calidad de impresión y la apreciación de color. Para ello, es importante entender una serie de conceptos que serán tratados a continuación.

11.1. Tramas de semitonos

Una imagen se compone de transiciones tonales de matices de color, es decir, de tonos continuos.

Estas tramas de semitonos engañan al ojo haciéndole creer que ve transiciones tonales continuas mediante la división de la imagen en multitud de puntos diminutos. Cuanto menores sean esas divisiones de puntos, mayor será la calidad de la imagen.

Existen dos técnicas principales para engañar al ojo:

- **Trama tradicional de semitonos o trama ordenada o de amplitud modulada (AM):** la variación tonal se consigue cambiando el tamaño de los puntos. Para engañar al ojo y que perciba matices tonales, se colocan los puntos de forma equidistante respecto a sus centros.

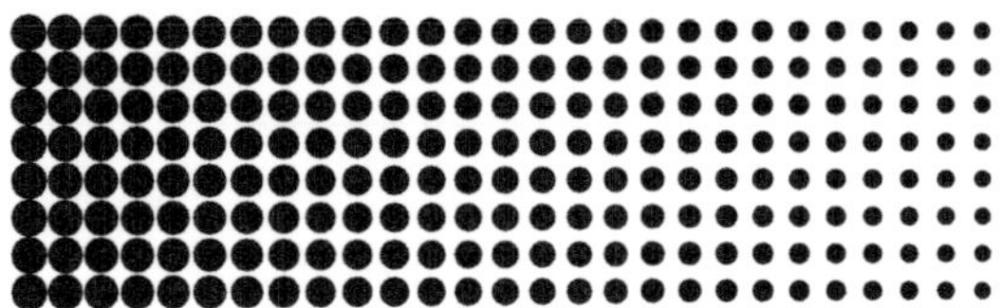

Los puntos pueden ser redondos, elípticos o cuadrados.

- **Trama estocástica o frecuencia modulada (FM):** los puntos son del mismo tamaño, lo que varía es la distancia que los separa entre sí.
Una trama FM contiene una mayor cantidad de puntos que un programa distribuye según cálculos matemáticos. Este tipo de tramado permite una mejor reproducción de los detalles, además no utiliza ángulos de trama, por lo que se evitan problemas como el **muaré** o la **visibilidad de rosetas.**

Una trama de semitonos está formada por hileras de puntos diminutos estrechamente espaciadas.

El tamaño de los puntos varía según los tonos que se quieran simular, por lo que en las zonas más claras se encontrarán puntos más pequeños y las más oscuras estarán formadas por puntos de tamaño mayor.

Las tramas de semitonos se generan en la imprenta mediante el *software* **RIP.**

Existen **tramas híbridas** que combinan las **tramas AM** y **FM,** combinando las ventajas de ambas.

11.2. Lineatura de trama y tamaño del punto

Se conoce como **lineatura de trama** a la medida de celdillas de semitono por cada línea. Se expresa en líneas por pulgada (lpp). Cuanto más baja es la lineatura de trama, mayor es el punto de semitono y al contrario. Por tanto, para productos de calidad impresos en papel estucado, la lineatura de trama es de 175 lpp; para productos de baja calidad, será de 85 lpp.

Definición

Lineatura de trama (lpp)
Describe la densidad de la trama de puntos de semitono.

11.3. Ángulos de trama

Las tramas de semitonos tradicionales se disponen en hileras de líneas, denominadas líneas de trama.

El cerebro percibe con facilidad los patrones que se encuentran entre 0º-90º, por ello, las tramas de semitonos se inclinan 45º. Cuando se imprime en CMYK, la trama de cada color se inclina en un ángulo diferente, evitando así el efecto muaré.

La tinta negra se inclina 45º, que es el ángulo que tiene menos impacto en el cerebro; a ambos lados se colocan el cian (15º), y el magenta (75º); y el amarillo a 0º. Estas inclinaciones se emplean en *offset,* sin embargo, para otras técnicas de impresión, las inclinaciones variarán.

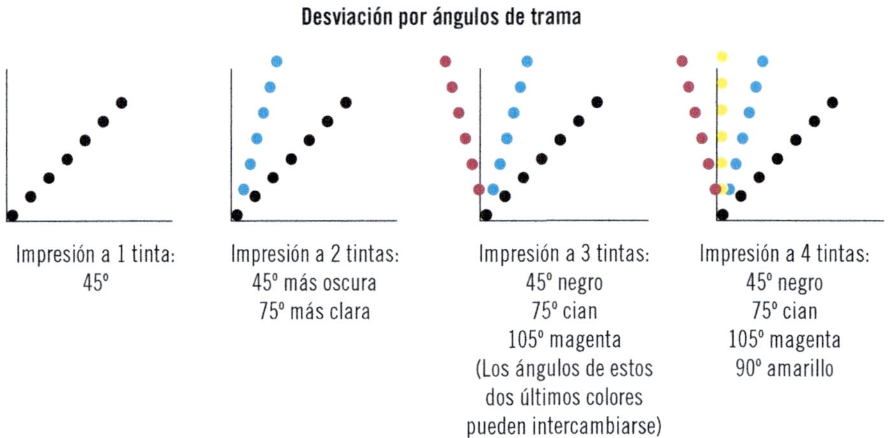

Rosetas de la trama

Si los ángulos de la trama están bien registrados, el resultado en la impresión es un patrón en forma de roseta. A veces, las rosetas son demasiado evidentes a simple vista, pero se considera un fenómeno "normal" del tramado. A menos lineatura de trama, más visibles serán las rosetas.

Actualmente, es habitual no utilizar los ángulos de tramas para evitar la aparición de rosetas, por lo que se usan más las tramas estocásticas.

Formación de rosetas CMYK

Efecto muaré

Se conoce como ***efecto muaré*** a una incorrecta inclinación de los ángulos de trama. Como consecuencia se produce un patrón regular, notorio y muy molesto, que el ojo percibe con facilidad. Hoy, las técnicas de tramado de semitonos evitan este efecto, asignando un ángulo ligeramente distinto a cada trama.

Inclinación incorrecta de los ángulos CMYK, efecto muaré

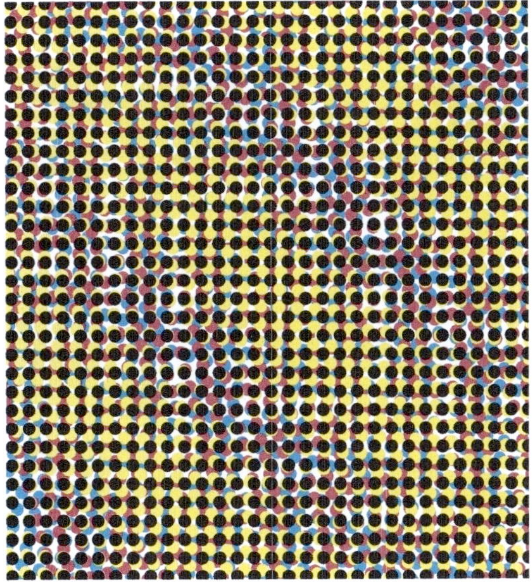

11.4. Reventado o solapamiento (*trapping*)

Cuando el papel que se está imprimiendo se desplaza, aparecen pequeñas zonas en blanco entre dos áreas de color adyacentes. Para evitar esto, la técnica de **reventado o *trapping*** hace que dos colores se superpongan levemente. Así pues, el color más claro se incorpora a la zona de color más oscuro. Los colores más claros tienden a "expandirse" *(reventado positivo);* y los más oscuros "se contraen" *(reventado negativo).*

Nota

Esto se realiza para evitar errores de registro.

Esto se realiza a través del RIP del impresor, ya que sin un *software* informático no es posible transferir los reventados, ya sean positivos o negativos, a los pdf con los que trabajará el impresor

El original

Sin reventado y fuera de registro

Con Reventado *(trapping)*

Actividades

16. Si tuviera que imprimir un trabajo con demasiado detalle, ¿qué tipo de trama elegiría? ¿Qué tipo de efectos "no deseados" evitaría?

11.5. Aplicación práctica

Le han encargado imprimir esta fotografía (en CMYK, por supuesto) y en su monitor, bien calibrado, la observa así:

(© Fotografía: Alfonsopazphoto vía web - CC BY-SA 3.0)

Sin embargo, cuando la recoge de la bandeja de impresión, se encuentra con esto:

¿Qué ha pasado? ¿Qué efecto reconoce en la imagen? ¿Cómo se evita dicho efecto?

Solución

La primera imagen debe tener los siguientes parámetros para una perfecta reproducción en imprenta: modo de color CMYK, resolución de 300 ppp y formato tiff. En la segunda imagen, el efecto encontrado es el muaré o moiré.

Al imprimir por tramas, debe haber una correcta inclinación de los ángulos de las tramas, cada uno perteneciente a un color CMYK (separación del color). El efecto muaré se debe precisamente a una incorrecta inclinación de las tramas CMYK. Como consecuencia se produce un patrón regular, notorio y muy molesto que el ojo percibe con facilidad (es lo que ocurre en la segunda foto).

Hoy día esto se evita con las tramas de semitonos, asignándoles una inclinación de ángulo. Se suelen inclinar 45°. Así, la tinta negra se inclina 45°; a ambos lados se colocarán el cian (15°), el magenta a 75° y, finalmente, el amarillo a 0°. Esto se conoce como desviación por ángulos de las tramas.

12. Error de tono. Grisura

La comprobación de los errores de tono o errores de grisura sirven para describir las discrepancias en el tono gris original y su representación gráfica, controlando la constancia de los suministros de pintura y el ensuciamiento del color.

Nota

La medición de estas dos magnitudes fue desarrollada por el GATF (Instituto de Investigaciones Norteamericano).

Las tintas "ideales" para la impresión son las denominadas "tintas dos tercios", aquellas en las que cada color de la escala absorbe un tercio del espectro y refleja dos tercios:

- Cian = absorbe el rojo y refleja el verde y el azul.
- Magenta = absorbe el verde y refleja el rojo y el azul.
- Amarillo = absorbe el azul y refleja el rojo y el verde.

Estas tintas "ideales" mantienen una relación equilibrada entre los dos tercios del espectro reflejados. Por ejemplo: para un magenta "ideal", la cantidad de rojo equivaldría a la cantidad de azul.

Sin embargo, estas tintas "ideales" no son "fabricables", por lo que no se encuentran en el mercado. Todas las tintas divergen unas de otras en cierta medida, ya que no son totalmente puras y poseen una cierta cantidad de color indebido. Esto es lo que se denominará **error tonal** (variación de tono) y **grisura o grisibilidad** (variación de la luminosidad).

Al medir un impreso a través de su tira de control podrán obtenerse los valores de error tonal y grisura. Es muy importante para el resultado final llegar a controlar tales valores e incluso, si fuese necesario, cambiarlos, modificando las densidades, ajustando valores y sus límites o la formulación de las tintas.

¿Cómo se mide la pureza de una tinta? Se escoge un color de la escala y se mide con los tres filtros de color rojo, verde y azul. Si las densidades medidas con los filtros de color "equivocados" (en una medición de densidad normal, el color se mide con el filtro del color complementario) dan un valor mayor a 0, demuestra "impureza"; error de tonalidad o grisura del color.

Formación de un magenta puro

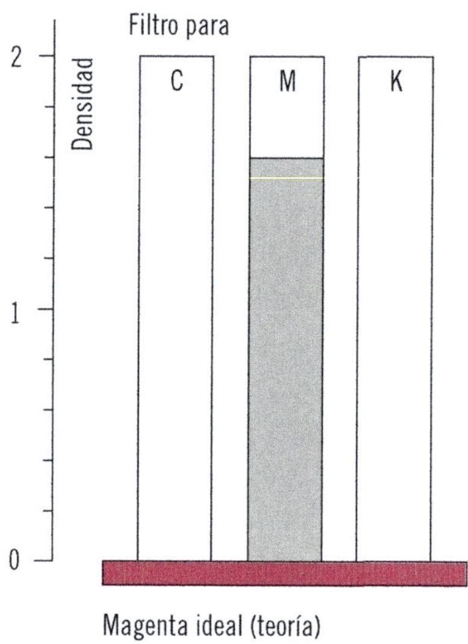

- Tinta magenta medida con filtro para cian (filtro rojo) D = 0.00
- Medida con filtro para magenta (filtro verde) D = 1.60
- Medida con filtro para amarillo (filtro azul) D = 0.00

El **error de tonalidad** es una divergencia de una tinta con respecto al "equilibrio óptico" de los dos tercios del espectro reflejado por dicha tinta. Si el error de tonalidad es 0, se obtiene un "equilibrio óptico"; por el contrario, habría preponderancia de un tercio u otro.

Nota

Al error de tonalidad también se le conoce como HE, *Hue Error.*

La grisura también debe absorber un tercio del espectro y reflejar los otros dos tercios. Por tanto, el filtro complementario mostraría un valor infinito y los otros dos filtros, unas densidades de 0. Pero estas tintas, como se ha señalado antes, no existen, y los dos filtros muestran valores superiores a 0; por lo que el color (se sigue tomando como ejemplo el magenta), sería más gris. Este "ennegrecimiento" de la tinta es lo que se conoce como "grisura".

Actividades

17. ¿Es posible conseguir un magenta puro? ¿Y un cian puro? Razone su respuesta.

13. Comportamiento del papel

Como se ha indicado anteriormente, tanto la tinta como el papel son las dos materias primas esenciales en todo proceso de impresión. A lo largo de la historia, con el paso de generaciones, ambas han ido mejorando. Actualmente, existe tal cantidad de combinaciones de papel, tinta y procesos de impresión, que tomar una decisión acertada entre cliente e impresor se ha convertido en toda una "ciencia".

Las características del papel tienen una gran influencia en el resultado final del proyecto impreso, por lo que debe escogerse en fases tempranas de producción para así efectuar los ajustes necesarios y asegurar una calidad en el resultado final. Hay una gran variedad de papel y cada uno tiene una finalidad, por lo que una buena selección asegurará un gran trabajo. Debe tenerse en cuenta que el papel será manipulado y que será objeto de factores que influirán en él como la temperatura, la humedad, etc.

13.1. Breve historia del papel

La fabricación del papel tiene un impacto medioambiental importante, por lo que en la actualidad se lucha por hacer un uso "responsable" de los recursos naturales que demanda esta industria y se buscan alternativas sostenibles que reduzcan las consecuencias en el medio ambiente.

Aproximadamente en el año 3000 a. C. se empezaron a utilizar los papiros (procedentes de la planta homónima) en Egipto, de los que procede el papel. En Europa se escribía sobre pergamino o vitela, obtenidos de la piel tratada de becerros u ovejas. En China se usaba el bambú o la seda. La producción de estos materiales tenía un coste elevado y restringía las comunicaciones.

Más adelante, en China, se utilizaban trapos de algodón como materia prima en un método de fabricación de papel; dicho método fue extendiéndose por diferentes países, pero de forma muy lenta y aun así, el hecho de fabricarlo a mano lo convertía en un producto caro.

Una hoja de papiro (© Fotografía: Cairocamels vía web - CC0)

Es en el siglo XIX, cuando se inventaron las máquinas de fabricación de papel basadas en el uso del vapor y fibras derivadas de la pulpa de la madera. Los hermanos Fourdrinier desarrollaron en Inglaterra la máquina de fabricación de papel que Nicholas Louis Robert patentó en Francia un siglo antes.

Sabía que...

Los Hermanos Fourdrinier eran hijos de un fabricante de papel que tuvieron que incluir muchas mejoras en la máquina de Nicholas Louis Robert. No se hicieron de "oro", pero se ganaron un nombre dentro de la historia del papel.

En la actualidad, las máquinas de fabricación de papel modernas siguen basándose en la de los hermanos Fourdrinier.

El hecho de emplear una materia más económica, como la madera, para la fabricación de papel y de usar un sistema de producción masivo, hizo que se abarataran los costes y, por tanto, las comunicaciones impresas y escritas se dispararon, haciendo que libros, prensa, etc., estuvieran al alcance de una mayoría.

Actividades

18. ¿Qué hizo que se extendiera el uso de las comunicaciones: libros, revistas, impresos, etc.?

13.2. Fabricación del papel

Existen diversos procedimientos en la fabricación del papel que tendrán sin duda, influencia en el resultado final del proyecto impreso. Es uno de los procesos más antiguos conocidos por el ser humano.

Pulpa (pasta)

Compuesto por fibras vegetales (celulosa) con varios aditivos que controlan las características físicas, la imprimibilidad y la estética (acabado). La elección de la fibra es muy importante. Los papeles de alta calidad emplean otro tipo de materias primas (algodón, lino, esparto, etc.), que confieren dureza y durabilidad. Aunque, hoy día, el 90 % del papel se fabrica de la pulpa de madera como el pino y el abeto.

Pasta química

Disolver los materiales pegajosos y extraer la fibra de la madera es el objetivo de la pasta química. Después se corta en astillas, se hierve a altas temperaturas y se emplean una serie de aditivos. En el siglo XIX, la sosa cáustica y el sulfuro de sodio eran la base del proceso de obtención de la pasta Kraft. Las fibras obtenidas se lavan y se blanquean.

Pasta mecánica

En este proceso se trocean las fibras desde el tronco descortezado; por lo que se forma una mezcla de fibras enteras, fibras rotas, lignina y resinas.

El resultado es un papel blando, grueso, absorbente y opaco, pero se deteriorará con el tiempo debido a la descomposición de la lignina. Por tanto, la pasta mecánica se usa para papeles que no necesiten perdurabilidad: pañuelos, servilletas, periódicos.

Hay procesos que combinan la pasta química con la mecánica, dando lugar a “procesos semiquímicos”.

Papel reciclado

Este tipo de papel procede de la mezcla de papel usado o de desperdicios de papel no usado *(broke),* procedente de imprentas o fábricas de papel.

El papel reciclado ha experimentado un aumento en su uso debido a políticas medioambientales, ya que se reduce la tala de árboles, energía y cantidad de agua empleadas en la fabricación.

El proceso de realización de papel reciclado se basa en disolverlo en agua, luego se limpia y destinta. Para mejorar el aspecto puede blanquearse. A veces, se le añade pasta virgen para darle fuerza y blancura, ya que si el papel tiene un alto contenido de reciclado, puede ofrecer un aspecto grisáceo y blando.

El papel reciclado al 100 % se usa en los periódicos e incluso en productos impresos, aunque deben tenerse en cuenta algunos factores como la absorción o la falta de blancura.

No obstante, el papel reciclado está experimentado una gran mejoría día a día, ya que la demanda crece por parte de organizaciones y empresas.

Papel hecho a mano

Su fabricación es minoritaria y exclusiva para artistas, libros de edición limitada, etc. El proceso tiene un elevado coste y es lento, ya que cada hoja se produce a mano.

La pasta suele ser de trapos de algodón, se arroja a una cuba que tiene un agitador, después se introduce un molde con una fina rejilla, sumergiéndolo. Al retirarlo, se agitará el molde, drenando el agua, para después proceder a secarlo. Los bordes del papel no se cortan y suelen tener una marca de agua o filigrana.

Papel hecho a mano (© Fotografía: Mirtaguit - vía web - CC0)

Papel hecho con molde

Papel de alta calidad hecho con trapos de algodón en un cilindro o una máquina de molde cilíndrico y cilindro, en lugar de en una máquina de Fourdrinier. Imita al papel hecho a mano. Muchas veces se confunde este tipo de papel con el papel hecho a mano.

Papel hecho con molde, a veces se confunde con el papel hecho a mano por la irregularidad de sus bordes (© Fotografía: Weinstock vía web - CC0).

Actividades

19. Si quisiera llevar a cabo un proyecto muy especial, aunque le resultase más costoso, ¿qué tipo de papel escogería?

13.3. Principales clases de papel

Existe una gran variedad de tipos de papel. Dependiendo del que se elija, puede obtenerse un acabado del producto final impreso muy interesante, ya que hay clases de papel con diferentes funcionalidades.

Papel sin ácido

Este tipo de papel cuenta con un alto grado de alcalinidad y un pH 7. Se trata de un papel con una gran durabilidad, que se utiliza para libros y publicaciones que tengan que resistir en el tiempo. Se neutraliza el ácido para que no amarillee el papel y se conserve en buenas condiciones.

Papel prensa

Este tipo de papel se utiliza para la impresión de octavillas, periódicos y versiones rústicas de libros de bajo coste.

Es un papel que contiene impurezas (lignina) y está hecho de pasta mecánica y fibras recicladas.

Nota

Este tipo de papel es uno de los más populares: absorbente, económico y fácil de reciclar.

Papeles mecánicos

Es una mezcla de pasta mecánica (puede blanquearse) y química (añade fuerza). Este tipo de papel puede producirse con una superficie lisa por medio del supercalandrado (conjunto de rodillos que confieren suavidad y alisado al papel) o acabado en máquina.

Este papel se suele utilizar para folletos y revistas baratas.

Sin pasta mecánica de madera

Aunque el término no sea del todo correcto, ya que sí contiene pasta de madera, su producción se basa más en el proceso químico que en el mecánico.

Se fabrican hojas fuertes y con buena blancura que se emplean en impresión general, papeles de escritorio, para fotocopiadoras y revistas. Estas hojas pueden tener color, aunque no como los papeles estucados.

Papel cartucho

Se utiliza en la fabricación de cartuchos. Se trata de papeles duros, fuertes y encolados. En sus orígenes se empleaban para realizar cartuchos.

El término **papel cartucho** se ha extendido para denominar a todos aquellos papeles gruesos de superficie rugosa, muchos de ellos se utilizan para pintar o dibujar.

El papel cartucho es un papel duro que originariamente se utilizaba para realizar cartuchos, de ahí su nombre (© Fotografía: Amenhtp, vía web - CC0).

Cartón

Su peso empieza en 150 g. El cartón es empleado para cubiertas de catálogos y libros de tapa blanda (rústica, 200-300 g) y para la fabricación de embalajes (suelen utilizares cartones más gruesos). Puede estucarse o no por una o ambas caras.

Cartón (© Fotografía: Chris 73 vía web - CC BY-SA 3.0)

Antiguo

Papel voluminoso con acabado rugoso natural (vitela), parecido al papel hecho a mano y sin el uso del calandrado. Se utiliza en la producción de libros y códices. Originariamente, el papel antiguo (vitela), provenía de la piel del becerro. Ahora hay una "imitación" del papel vitela que se realiza con algodón. Aunque todavía se fabrica papel vitela original, su coste es elevado.

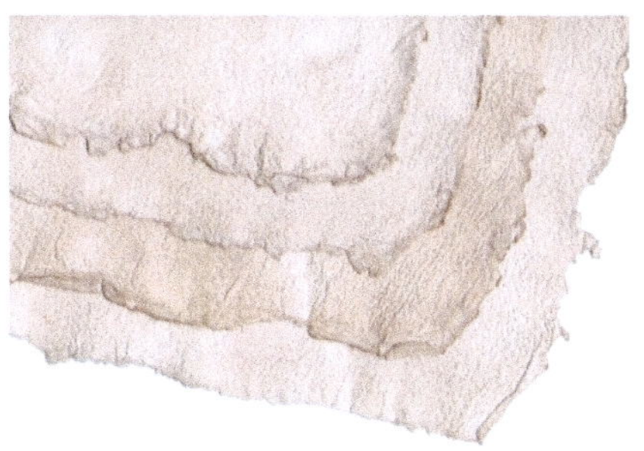

Papel antiguo hecho de algodón

Antiguo verjurado

Este tipo de papel es bastante particular, muestra líneas de verjurado y filigranas en su superficie. Se trata de una elaboración de papel especial. Las marcas o líneas se pueden ver al trasluz. No es adecuado para trabajos de semitonos o que contengan grandes áreas de colores lisos.

Su denominación proviene del catalán -*vergé*. Se basa en un antiguo método del siglo XIX y pasó a sustituir al papel vitela. Actualmente, se utiliza para ediciones limitadas y especiales, así como facsímiles.

Papel verjurado, se observan las líneas y filigranas en su superficie.

Acabados inglés y liso

Se utilizan para publicaciones con semitonos en blanco y negro o ilustraciones a todo color. No se trata de papel estucado. Su lisura característica hace que sean idóneos para la reproducción de ilustraciones con detalle y fotografías. Posee una superficie lisa y suave con acabado perfecto, muy característica.

Acabado liso (© Fotografía: Gustavo Veríssimo vía web - CC BY 2.0)

Papeles estucados o no estucados

Las imprentas suelen diferenciar entre papeles estucados y no estucados.

El papel estucado se divide en categorías según la cantidad de estucado que se le haya aplicado. Presentan una superficie suave y pulida y una alta calidad de impresión. Se utiliza para folletos, libros de arte, revistas, etc.

Por otro lado, el papel no estucado se somete a un proceso de encolado que mejora su resistencia y su superficie para mejorar la impresión. Se usa en papelería comercial, fotocopiadoras y libros de bolsillo.

Nota

El papel no estucado no tiene por qué ser más económico que el estucado.

El papel no estucado no es más económico que el estucado.

El papel estucado puede ser mate, satinado o brillo. Un papel brillante proporciona una buena calidad en cuanto a la reproducción de imágenes y colores, sin embargo, presenta mala legibilidad, ya que produce reflejos, por lo que para libros de texto se suele emplear el papel mate o no estucado.

Sin embargo, se han desarrollado papeles estucados de textura mate, pero más satinados, que permiten una buena calidad en la reproducción de imágenes y una buena legibilidad, debido a una superficie suave y pulida que no genera reflejos.

Papel estucado (© José María Mateos vía web - CC BY 2.0)

Papeles plásticos y láminas

El plástico ha experimentado un auge como soporte de impresión, sobre todo en la industria del *packaging,* ya que resulta un material estable, fuerte, flexible, económico y de fácil manipulado.

Nota

Los papeles plásticos son caros, pero resultan ideales para realizar productos que se enfrenten a condiciones difíciles.

Puede clasificarse de la siguiente manera:

- **Plástico térmico:** es rígido en temperatura ambiente, sin embargo, resulta maleable al someterlo al calor y al enfriarse vuelve a su rigidez original Se emplea en envases retractilados.
- **Plásticos rígidos:** no son sensibles al calor, se funden y pierden su forma a altas temperaturas. Con ellos se fabrican contenedores y envases.

Cuando se imprime en plástico, la tinta necesita mayor tiempo de secado, ya que no es un material poroso como el papel. También puede encontrarse la dificultad de imprimir colores superpuestos y el riesgo de corrimiento de tinta es mayor, por lo que se necesitarán tintas especiales.

Papeles autocopiativos

Este tipo de papel se produce utilizando un revestimiento de microcápsulas que se rompen bajo la presión de un bolígrafo. Este se transfiere sobre la hoja de abajo, donde el tinte cobra forma y color.

Papel autocopiativo

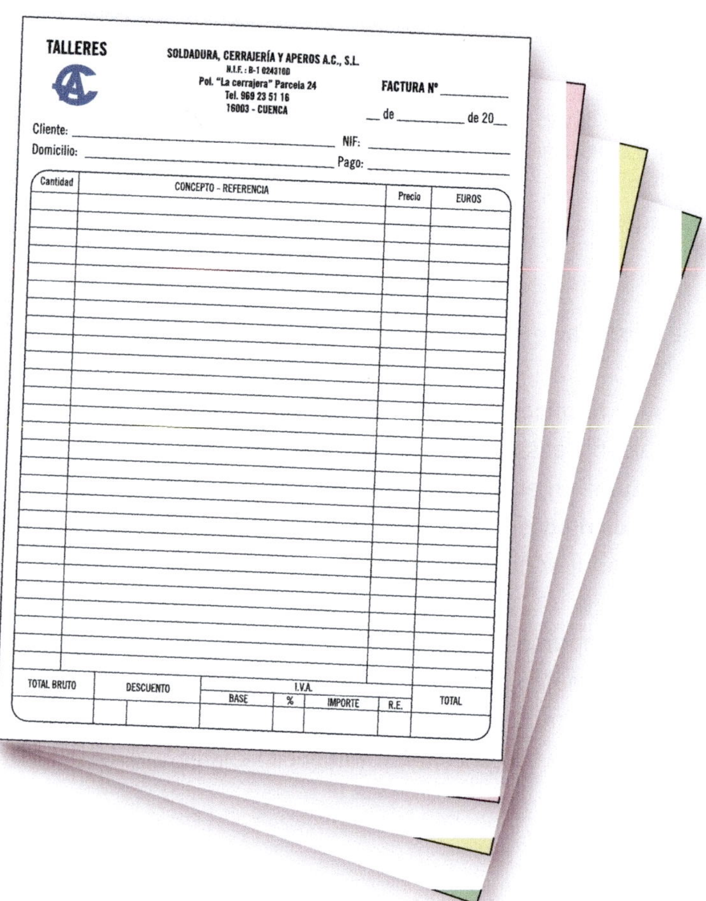
TALLERES

SOLDADURA, CERRAJERÍA Y APEROS A.C., S.L.
N.I.F.: B-1 024310D
Pol. "La cerrajera" Parcela 24
Tel. 969 23 51 16
16003 - CUENCA

FACTURA Nº ______

__ de ______ de 20__

Cliente: ______ NIF: ______

Domicilio: ______ Pago: ______

Cantidad	CONCEPTO - REFERENCIA	Precio	EUROS

TOTAL BRUTO	DESCUENTO	I.V.A. BASE	I.V.A. %	I.V.A. IMPORTE	R.E.	TOTAL

Papeles técnicos

Aquí se engloban los siguientes: papel moneda, fotografía, filtros, laminados decorativos, autoadhesivos, sellos de correos, etc. Se consiguen modificando el proceso básico de producción de papel, mezclando la pasta, utilizando aditivos o a través de procesos de acabado.

Papel técnico (© Fotografía: martaposemuckel vía web - CC0)

Papeles para la impresión digital

En la actualidad se ha tendido a la estandarización de los tipos de papel que pueden ser usados tanto en impresión *offset* como en digital. Esto es debido en parte a los avances en las tecnologías de impresión que permiten que las impresoras digitales sean capaces de trabajar con un rango amplio de sustratos, incluyendo muchos tipos de papel que antes se consideraban más adecuados para impresión *offset*.

Actividades

20. Si tuviera que imprimir una revista repleta de imágenes, ¿qué tipo de papel escogería para garantizar un buen resultado?

13.4. Características del papel

A la hora de elegir el papel para la reproducción del trabajo impreso son muchos factores que deben tenerse en cuenta. Impresor y cliente deben observar que el papel se adecue a los resultados esperados y que se adapte a los requerimientos técnicos necesarios.

Peso del papel

El papel se describe por g/m², es decir, el peso en gramos de una hoja de papel en un área de un metro cuadrado. El sistema decimal es el empleado en la mayoría de países. Sin embargo, en Estados Unidos, se basa en el "peso de una resma" (500 hojas), en uno o diferentes tamaños estándar.

Formatos del papel

En Europa, los formatos de papel se basan en estándares, de los que el formato A es el más utilizado (A0, A1, A2, A3, A4, etc.). Este tipo de formatos se basa en la relación proporcional entre altura y anchura. Se emplea el sistema métrico y se expresa en milímetros.

Sin embargo, en Estados Unidos no está tan estandarizado y los formatos tienen una estrecha correspondencia con el tamaño que aceptan las prensas de impresión y los tamaños de corte más habituales. Se mide en pulgadas.

Estándares de los formatos de papel 8ºO (A1, A2, A3, A4...)

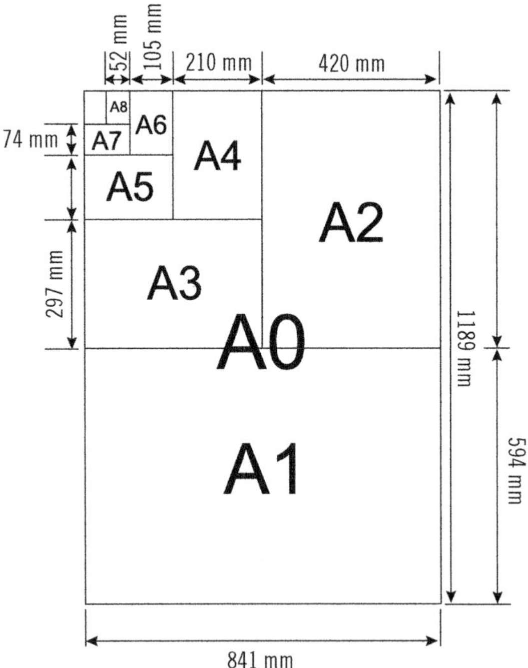

Densidad y volumen específico

La densidad se refiere a la *compactación* de un papel, definiéndose así su peso por unidad de volumen (g/m^3). Así, un papel con densidad baja será ligero y grueso (poroso); mientras que un papel con alta densidad será pesado y fino (más compacto).

El volumen describe la relación entre el espesor del papel y su peso (cm^3/g). El volumen específico es lo contrario a la densidad. En Estados Unidos se expresa en páginas por pulgada.

Fondo de color

Hay unos fondos de color estándar con sus propios códigos o nombres (desde el blanco natural hasta el azulado), que ofrecen los fabricantes.

Es recomendable siempre especificar el fondo de color, incluso enviar muestras. Algunos papeles son *metaméricos,* es decir, dependen de las condiciones de la luz. Por ello, el fondo blanco es el más difícil de especificar.

Lisura y formación

La **lisura** describe las características de la superficie de un papel. Un papel con un alto grado de lisura posee una superficie fina y pulida, mientras que uno con un bajo grado de lisura presenta rugosidad.

La **formación** determina la uniformidad en la pasta del papel en el proceso de fabricación. Si al contraluz el papel presenta uniformidad, puede decirse que tiene una buena formación.

Esto influye en la calidad de impresión, sobre todo en la absorción de las tintas. Si el papel tuviese mala formación, daría lugar a manchas en el color durante la impresión.

Opacidad

La opacidad está relacionada con el nivel de transparencia de la hoja, pudiéndose observar el reverso de la hoja. Si las áreas de impresión del anverso y el reverso de una hoja coinciden, esto no supondrá ningún problema, pero lo contrario sí puede dar problemas. La opacidad se mide con **opacímetro;** la gran mayoría de papeles ofrecen una opacidad del 90-95 %.

Testeo del papel

En el proceso de fabricación del papel, se lleva a cabo una serie de tests para comprobar y garantizar que las características del papel son óptimas.

Algunas de las características que se comprueban son el espesor del papel, la opacidad que presenta, el brillo, la humedad, etc., y otra serie de propiedades.

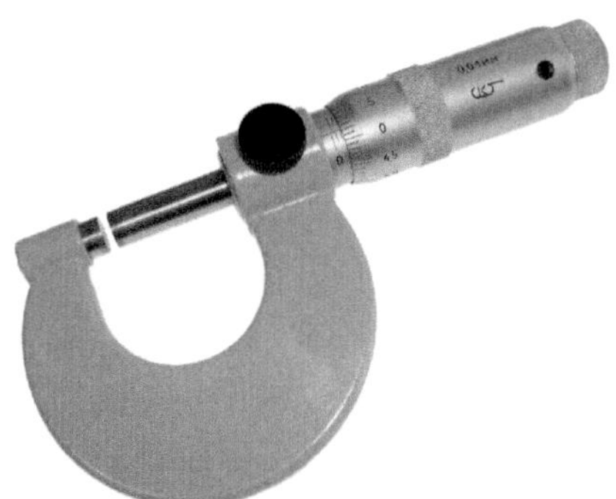

El micrómetro se utiliza durante los testeos de papel para medir el grosor del papel o del cartón, esta medida se realiza en micrones (© Fotografía: KMJ vía web - CC BY-SA 3.0).

13.5. Principales problemas con el papel

El papel es una materia delicada que está sujeta a condiciones y factores que pueden influirle, provocando problemas de impresión, procesamiento y producción.

Estabilidad al curvado

Hay dos factores que afectan directamente al papel: la temperatura y la humedad.

La humedad puede hacer que el papel se expanda, se contraiga o incluso se curve. Esto tendrá un efecto importante en el resultado final.

Para evitar la influencia de la humedad, la sala de impresión tendría que regular la temperatura y la humedad, asegurando unas condiciones estables para el papel y que mantenga sus características iniciales.

Repelado

El **repelado** es un problema habitual del papel estucado o no estucado. Son residuos que se van postrando en la superficie y que dan lugar a puntos blancos en las áreas de impresión de imágenes. Las nuevas tecnologías están intentando minimizar este problema.

Calidad del cuadrado

Asegurar una precisión de corte en la hoja garantiza una gran calidad en el resultado final del producto impreso. Para ello, la hoja ha de ser cuadrada o rectangular. Hoy día, existen máquinas que realizan cortes precisos dejando todos los bordes regulares y perfectos. Un acabado perfecto en la hoja garantiza un buen proceso de encuadernado.

Volumen tras la impresión

Las características de un papel cambian durante el proceso de impresión, por ello es muy importante especificar el tipo de papel lo antes posible. En los papeles para libros con gran volumen, las presiones propias del proceso de impresión suelen allanar la hoja con la consecuente pérdida de volumen (entre el 3-5 %).

Frotamiento de la tinta

Suele producirse cuando se imprime ilustración o fotografía sobre papel estucado mate y la superficie roza con la tinta de la página siguiente. Esto sucede tanto en el proceso de impresión como en el de acabado o encuadernación. Para ello, deben utilizarse tintas específicas e incrementar el tiempo de secado.

Envejecimiento del papel (© Fotografía: tekaybe vía web - CC BY 2.0)

13.6. Papel y medio ambiente

A lo largo de la historia, la producción de papel ha tenido un gran impacto medioambiental. Hoy se tiende a políticas sostenibles en las que se aboga por una tala controlada de árboles en bosques cultivados para la industria papelera, en los que por cada ejemplar talado, se plantan tres nuevos árboles.

Además, mucha de la madera usada procede de sobrantes de otras actividades económicas, como la fabricación de muebles o la construcción.

Para la gestión responsable de los bosques del mundo se han creado dos organizaciones *(Forest Stewardship Council* y *Programme for Endorsement of Forest Certification),* que mediante inspectores, certifican que los productos empleados por las empresas proceden de una gestión del bosque sostenible y responsable, asegurando la conservación de árboles centenarios. Todo ello se mantiene mediante una cadena de custodia, en la que se acreditan los participantes en todo el proceso de producción gráfica.

Otro proceso que está influyendo de forma beneficiosa es el reciclaje, evitando así el uso de maderas vírgenes y el aprovechamiento del papel de desecho.

También se están realizando grandes esfuerzos para ahorrar energía y reducir el consumo haciendo uso de energías renovables como el biogás o la energía eólica. Con respecto al gasto en cantidades de agua, la tendencia es reciclar agua por circuito cerrado.

Por último, el control de la contaminación es de gran importancia. Antes, la fabricación de papel suponía una gran producción de residuos tóxicos que afectaban al medio ambiente y a la salud humana. Sobre todo, en los procesos de blanqueado del papel, que solía hacerse con cloro, generando dioxinas que se vertían al aire o al agua.

Hoy se usan alternativas para el blanqueado del papel en las que se ha sustituido el cloro parcial o totalmente.

Bosques sostenibles donde se controla la tala de árboles y por cada árbol cortado, se plantan tres nuevos ejemplares (© Fotografía: Tom Harpel vía web - CC BY 2.0).

21. Enumere las principales características del papel y los efectos que se pueden producir en él por estar sujeto a malas condiciones.

14. Análisis de gráficos de control estadístico

Un proceso está sometido a factores de carácter aleatorio, por lo que es imposible fabricar dos productos iguales que cuenten con las mismas características. Ello se debe a que los productos durante el proceso de fabricación presentan una variabilidad impredecible. Esta variabilidad es indeseable y el principal objetivo de los fabricantes es reducirla durante el proceso de producción.

Por tanto, los **gráficos de control estadístico** se convierten en una herramienta muy útil para controlar esta variabilidad. Además, contribuyen a la mejora del proceso, al mismo tiempo que permiten un mayor conocimiento sobre el mismo. En definitiva, los gráficos de control mejoran el proceso de producción.

Así, estas herramientas de control se convierten en una prioridad para las empresas. Esto no es ajeno a la industria gráfica. Cada vez más, impresores e imprentas toman buena cuenta de la utilidad de estas herramientas para controlar sus procesos y ofrecer productos de mayor calidad. Cabe señalar que en la industria gráfica la variabilidad y los factores que influyen durante la producción son aún mayores, ya que intervienen muchos elementos.

¿En qué consiste un gráfico de control estadístico? Consiste en la toma de datos para su posterior análisis y así medir el nivel de control sobre un flujo de trabajo. En preimpresión y posimpresión se utiliza para regular aspectos básicos. El principal objetivo es controlar el proceso de manera general y la forma en que todas las variables afectan al producto final. Así, los impresores pueden controlar la ganancia de punto, la densidad o el color, por ejemplo.

¿Cuál es el punto de partida? Identificar los indicadores clave de rendimiento de su proceso y documentarlos. Así, el impresor puede crear un buen plan de control de gráficos estadísticos y poner el proceso bajo control. De este modo, se encontrarán los puntos exactos bajo los que se imprimirá de forma óptima.

Cabe destacar que el análisis de gráficos de control estadístico da un paso más allá y no "trabaja" con promedios, ya que no considera que sea un control de proceso como tal, puesto que pueden encontrarse resultados "altos-altos" y resultados "bajos-bajos", pero el gráfico de control se ocupa centrarse en su propio objetivo.

Para conseguir estos objetivos y un producto final de calidad, la implementación del uso de análisis de gráficos estadísticos ha de hacerse concienzudamente y, a ser posible, que toda la plantilla de la imprenta se implique. Para ello, una filosofía de "mejora continua" y constancia hacen que estas herramientas den los resultados deseados y una calidad idónea en el producto de cara a los clientes.

15. Resumen

Habiendo estudiado el proceso de preimpresión; cómo preparar los archivos para imprenta de un proyecto con buena calidad; las pruebas que se realizan; los parámetros de impresión; las correcciones de errores; la comprobación de la calidad de las imágenes; los textos, párrafos, sangres ,etc. no se podía pasar por alto otra serie de factores que influyen en el proceso gráfico.

Para ello, se ha podido comprobar la importancia de la elección del método de impresión; la influencia de las tintas y su selección; la selección del papel y todos los efectos que contribuyen a la buena conservación tanto de maquinaria como de las condiciones óptimas para las tintas y el papel.

Se ha podido observar la "repartición" de responsabilidades en cada parte del proceso gráfico, tanto para el cliente como para el diseñador y el impresor; y la importancia de la experiencia a la hora de imprimir y garantizar un buen resultado. Conocer los sistemas de color, las estandarizaciones, los valores y aparatos que miden una buena calidad y todos los factores a tener en cuenta a la hora de llevar a cabo un proyecto impreso, hacen que el producto tenga un valor añadido.

Por otra parte, se ha abordado el estudio de tipos de tinta y de papel y su utilización. Para ello se ha dividido en tres bloques:

- El comportamiento de la tinta, donde se ha estudiado su clasificación atendiendo a sus propiedades, la composición de las tintas, los métodos de secado y los factores que influyen en ellos.
- El comportamiento del papel, donde se ha tratado de manera sucinta su historia, los procedimientos en la fabricación, los principales tipos de papel y sus usos, características y formatos y, por último, los principales problemas relacionados con el papel por el paso del tiempo, mala conservación, etc.
- Impacto medioambiental y en la salud humana de tintas y papel, en el que se han señalado las mejoras introducidas por políticas de conservación.

Ejercicios de repaso y autoevaluación

1. ¿Es importante revisar un trabajo antes de enviarlo a imprenta? Cite algunas de las comprobaciones que llevaría a cabo antes de imprimir un gran proyecto.

____
____
____
____

2. En la actualidad, ¿cuáles son las pruebas de impresión más económicas, más rápidas y más extendidas en su uso?

____
____
____
____

3. Relacione estos conceptos:

   a. Imposición
   b. Fenómeno del metamerismo
   c. Perfiles ICC
   d. Preimpresión

   __ Fase de trabajo y tecnología necesaria para generar archivos digitales optimizados para impresión.
   __ Conjunto de datos que caracteriza a un dispositivo de entrada o de salida de color o espacio de color; según los estándares promulgados por el Consorcio Internacional del Color como SWOP o ISO.
   __ El ojo humano, dependiendo de las condiciones de iluminación, percibe el color de una misma imagen de manera diferente.
   __ Consiste en el correcto posicionamiento de las páginas en las planchas para que cuando se impriman se reproduzcan en el orden y posicionamiento adecuados.

4. **Señale si las siguientes afirmaciones son verdaderas o falsas:**

a. Las pruebas en pantalla permiten comprobar la colocación de los textos, imágenes, logos, ilustraciones, revisar la ortografía, colocación de párrafos, formato, saltos de línea, sangres, etc.

- ☐ Verdadero
- ☐ Falso

b. Para realizar pruebas en pantalla no es necesario tener calibrado el monitor.

- ☐ Verdadero
- ☐ Falso

c. La prueba de color se usa como guía en relación producto final/expectativas del cliente.

- ☐ Verdadero
- ☐ Falso

d. Para las pruebas de color no hace falta que haya unas condiciones de iluminación correctas.

- ☐ Verdadero
- ☐ Falso

e. Con la imposición se puede planificar la maquetación de las páginas en función de las tintas:

- ☐ Verdadero
- ☐ Falso

5. **¿De qué se compone una tira de control? ¿Con qué aparato se interpretan los valores?**

6. Explique qué es la colorimetría y enumere algunos espacios de color y sus autores.

7. Resuma brevemente los parámetros básicos de calidad de una imagen para enviarla a imprenta y otra para web.

8. Sopa de letras. Busque los diferentes tipos de archivos de imagen.

B	M	O	V	E	K	G	I	F
T	A	E	R	L	U	S	M	D
A	Y	P	I	G	T	E	H	P
F	U	S	S	Y	J	D	R	I
D	H	P	E	D	M	W	Q	Y
C	N	B	F	P	N	G	J	T
S	W	N	G	Y	N	S	P	A
X	Ñ	T	I	F	F	Q	G	E
I	Z	M	U	M	C	R	F	U

9. ¿Qué se conoce como ganancia de punto y cuántos tipos existen?

10. Enumere los componentes de una tinta.

11. Explique brevemente los espacios de color RGB y CMYK.

12. ¿Qué es una trama? ¿Cuántos tipos de tramas pueden encontrarse? Haga un breve resumen.

13. Dibuje un breve esquema de la colocación en grados de las tintas CMYK en *offset*.

14. Haga un resumen de la historia del papel.

15. Cite tres tipos de papel que conozca.

Capítulo 2

Parámetros de la calidad en encuadernación y acabados

Contenido

1. Introducción

La encuadernación y acabados forman parte del proceso final de la producción gráfica. Pese a ello, son fases que deben tenerse muy claras desde el principio de un proyecto y la fase de diseño, puesto que influyen desde el primer momento. Estas fases se conocen como posimpresión.

Al igual que en la fase de preimpresión, es muy importante el buen entendimiento entre cliente, impresor y encuadernador para garantizar un buen resultado en el trabajo.

A la hora de planificar un proyecto (normalmente se recomienda hacer una maqueta del proyecto previa a la fase de posimpresión, así se aprecia el volumen, se observa el papel que requiere, etc.) y llevarlo a cabo es importante decidir el procedimiento de manipulado y encuadernado, ya que influye en el resultado final. No es lo mismo un manual que va a estar expuesto a condiciones duras que un libro de bolsillo u otro que deba perdurar en el tiempo con una calidad excelente. Hay que tener claro el uso que se le va a dar al proyecto para así poder decidir, por ejemplo, el tipo de papel, el tipo de acabado, la imposición de las páginas, etc. Además, el tipo de acabado y encuadernado también influyen en el presupuesto.

Los manipulados y acabados normalmente se llevan a cabo en una imprenta. Las imprentas habitualmente disponen de servicios de posimpresión básicos, pero a veces, si se trata de encuadernados o acabados muy especiales, suelen enviarlos a talleres especializados externos o bien recomiendan profesionales que garanticen un buen trabajo.

2. Parámetros de la calidad en acabados

Los acabados de impresión (posimpresión) son procesos que dan el toque final a un diseño impreso. Pueden transformar un proyecto común en algo más llamativo, dándole valor añadido.

Estos procesos de acabado aportan valor ornamental, textura, relieve o brillo, funcional, etc. Siempre se definen las técnicas de acabado como la parte final del proceso de producción, sin embargo, es algo que debe tenerse claro desde la fase de planificación de un proyecto.

Los distintos tipos de manipulados se pueden dividir en tres áreas principalmente; estas se describen a continuación.

2.1. Tratamiento de la superficie del soporte

Incluye diversas fases que alteran la superficie del producto impreso. El tratamiento de la superficie se hace por diferentes motivos, por ejemplo, crear efectos visuales como resaltar un barniz o una tinta con efecto metálico, o bien "proteger" el producto impreso frente al desgaste o los efectos de malas condiciones que pudieran afectar a su conservación; estas se describen a continuación.

Sabía que...

En la actualidad, muchas hojas impresas se barnizan para acelerar el proceso de acabado sin tener que esperar el secado de las tintas.

Estas fases son las siguientes:

- **Procesamiento posimpresión:** en estas fase se da forma física al papel mediante diversos métodos: guillotinado, troquelado, taladrado, plegado, hendido, etc.
- **Encuadernación:** fase que consiste en unir hojas impresas sueltas en un conjunto unitario. Hay diferentes métodos de encuadernación: cosido con grapas o hilo, encolado, grapado, etc. Según el método empleado, las cubiertas se sujetarán de un modo u otro.

Definición

Guillotinado
Corte del exceso de papel para darle uniformidad y el formato correcto al producto impreso.

Troquelado
Dar una forma concreta al producto impreso mediante un troquel.

Taladrado
Tipo de encuadernación con anillas o alambre.

Plegado
Creación de páginas a partir de páginas impresas.

Hendido
Marca o surco lineal que facilitan el plegado de un producto impreso.

Corte

Llegados a la fase de **posimpresión,** el producto impreso pasa por el proceso de *corte.* Bien puede pasar por esta fase antes de la impresión, para que las láminas de papel se ajusten a la máquina de prensa o a la máquina del procedimiento concreto por el que se vaya a imprimir el producto, o bien en el proceso de acabado (antes del plegado o después del encuadernado). Todo ello tiene como finalidad dar un acabado perfecto al trabajo.

Para llevar a cabo el corte, se hace uso de una máquina cortadora o guillotina, si se trata de papel ya cortado en hojas. Sin embargo, si el papel procede de rollos o bobinas, se usará una máquina cortadora de bobinas.

A grandes rasgos, una guillotina consta de una platina de apoyo, unas escuadras traseras móviles para colocar el papel de la manera correcta, una cuchilla eléctrica afilada y un travesaño o pisón para mantener el papel sujeto en el lugar donde se ha de hacer el corte.

Aunque hay máquinas de cortar o guillotinas más sofisticadas que incluyen travesaños fotoeléctricos y sistema de seguridad para los operarios.

Actualmente, la mayoría de ellas traen dispositivos integrados que permiten programarlas por ordenador, moviendo las escuadras de forma automática para el siguiente corte, lo que supone un ahorro de tiempo. Además, pueden usarse para trabajos de las mismas características.

La fase de corte es muy importante en los procesos de acabado.

Tipos de máquinas de corte

Pueden encontrarse tres máquinas de corte:

- **Cortadoras:** se emplean para corte de bobina. Consta de una bancada portarrollos donde se colocará la bobina de papel. Después, pasa al grupo de corte, donde se encuentran las cuchillas y, por último, la salida, donde se trasladan a una pila de almacenamiento mediante una cinta.

Máquina cortadora de papel en bobina

Actualmente se usa sobre todo la cortadora láser.

- **Trilateral:** se trata de una guillotina especial, ya que realiza los tres cortes del libro: cabeza, pie y delantera.

La cortadora trilateral consta de una cinta por la que se acercan los libros a la guillotina. Después, entra el libro con el lomo por delante para centrarlo y luego se presiona. La sección de corte realiza mediante tres cuchillas afiladas un corte secuencial: primero corta la falda y, a continuación, cabeza y pie. También posee un pisón para sujetar el libro en el momento del corte. Finalmente, se transporta por cintas para su apilado.

- **Guillotina:** la guillotina sirve para recortar o **desbarbar** el formato deseado, transformar formatos grandes en otros más adecuados a la máquina. Está formada por:
  - Una mesa de acero sobre la que se colocarán los pliegos a cortar.
  - Unas escuadras laterales.
  - Un tope, es una pieza de acero que sirve para escuadrar y marcar la medida de corte.
  - Un pisón, pieza de acero para sujetar la pila de pliegos y evitar deslizamientos durante el momento del corte.
  - Una cuchilla, sujeta a un portacuchillas que realiza el corte de forma sesgada (a forma de tijera).

Sabía que...

Las *barbas* son los bordes irregulares que presenta el papel y que se cortan para darle un acabado perfecto. Sin embargo, hay veces que estos bordes irregulares se usan como recurso decorativo y consiguen un efecto muy llamativo. Suele emplearse en libros de edición limitada y facsímiles, o trabajos a los que se les quiera dar un efecto especial.

Actividades

1. ¿Con qué tipo de cortadora se obtendrían los tres cortes de un libro?
2. ¿Qué tipo de máquina es? ¿Para qué se utiliza? ¿En qué fase del proceso gráfico se sitúa?

Continúa en página siguiente >>

<< Viene de página anterior

(© Fotografía: NIOSH vía web - CC0)

El corte como recurso decorativo

Los acabados en el proceso de **posimpresión** para garantizar un proyecto perfecto pasan también por utilizar los recursos como efectos visuales

El **corte** también se puede usar como algo llamativo que le aporte un valor añadido a un proyecto, haciéndolo que sea original y que no pase desapercibido. Incluso puede ser funcional en según qué trabajos.

Es lo que ocurre con el **troquelado.** El **troquelado** resulta un acabado muy visual y muy llamativo que puede convertir un proyecto común en algo muy especial. Puede tener una función ornamental o funcional, dependiendo del uso que se le vaya a dar.

El **troquelado** es una forma de corte. Se utiliza con un **troquel** de acero (de ahí su nombre) o **matriz** para cortar una parte específica de un diseño. Se puede hacer un troquel para todo: libros, portadas, diseños, ilustraciones, etc. Si bien es verdad que encarece el producto final, le añade una nota de distinción que no pasa desapercibida a nadie.

Se puede decir que con fines decorativos altera la forma de un diseño para enfatizarlo visualmente. Hay infinidad de formas, todas las que quepan en **la creatividad.** Desde unos cantos redondeados en una tarjeta (muy común), hasta una pequeña apertura en la portada de un libro que deje entrever al lector el detalle interior de una publicación, darle una forma específica a un libro o un *flyer,* etc. Pero a la hora de "diseñar" para después hacer un troquel, hay que tener muchas cosas en cuenta: espacios y elementos que no queden después "descolgados".

El **troquelado** puede hacerse en cualquier tipo de soporte: papel, cartón, plástico, metal, etc.

Troquel circular portada CD

Troquel lapicero

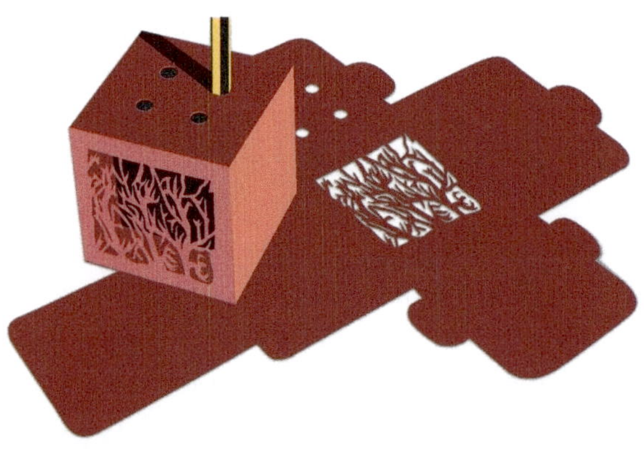

Tarjeta de agua mineral

Troquel para carpeta corporativa

El **troquelado** es un recurso muy utilizado en la industria del *packaging* y las etiquetas. Siempre dan un toque de distinción al producto.

(© Fotografía: Richard winchell vía web - CC BY-ND 2.0)

Definición

Packaging
Anglicismo que significa el diseño de embalajes o paquetería. Su funcionalidad reside en realzar y destacar un producto sobre otros. Es un sector bastante complejo. Es un recurso muy utilizado por las marcas de productos en el mercado (perfumes, alimentación, etc.). Suelen tener un gran impacto visual para llamar la atención del comprador.

También es un recurso muy empleado en las portadas de libros...

...y en cuentos infantiles.

Actividades

3. Explique en qué consiste un troquelado y busque por Internet algunas imágenes de troquelados originales.
4. ¿Qué tipo de acabado reconoce en esta imagen?

Continúa en página siguiente >>

<< Viene de página anterior

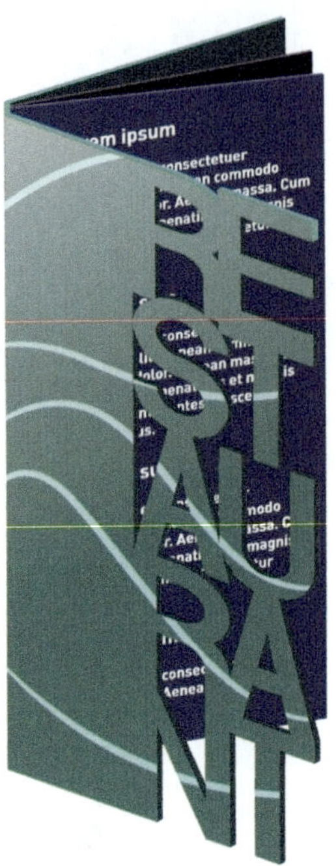

El perforado

El **perforado** es un tipo de troquelado que crea una serie de cortes u orificios que permiten rasgar el papel fácilmente. Estas perforaciones se realizan con unas cuchillas denominadas **flejes,** dándoles una forma concreta.

Puede ser decorativo o funcional. Por ejemplo, se utiliza en sellos o décimos de lotería, o bien como ornamento.

Papel perforado

Actividades

5. ¿Cuál es la función del troquelado y el perforado? Ponga ejemplos de cada método.
6. ¿Qué técnica de corte reconoce en la siguiente imagen?

Plegado

El **plegado** es otra de las fases de **posimpresión.** Para garantizar un buen acabado, el plegado del papel debe hacerse en la dirección de la fibra.

Un buen plegado puede garantizar un producto impreso atractivo y duradero si se hace bien. Si el plegado se realiza en contra de la dirección de la fibra del papel, puede afectar negativamente al producto, ya que puede debilitarse e incluso agrietarse el papel, afectando a la fase posterior de encuadernación.

Principalmente, se encuentran dos tipos de máquinas plegadoras:

- Las **plegadoras de cuchillas:**

Engranaje de las plegadoras de cuchillas

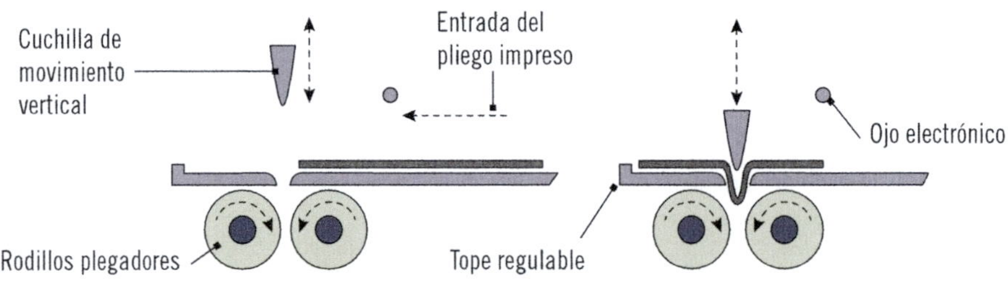

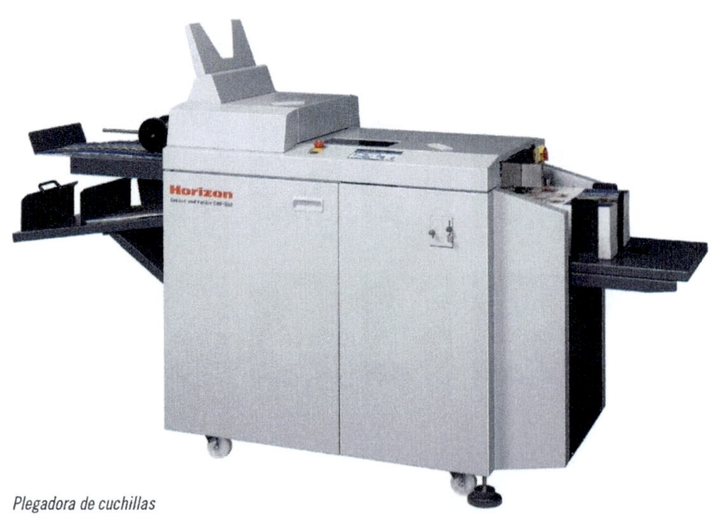

Plegadora de cuchillas

- Las **plegadoras de bolsas:**

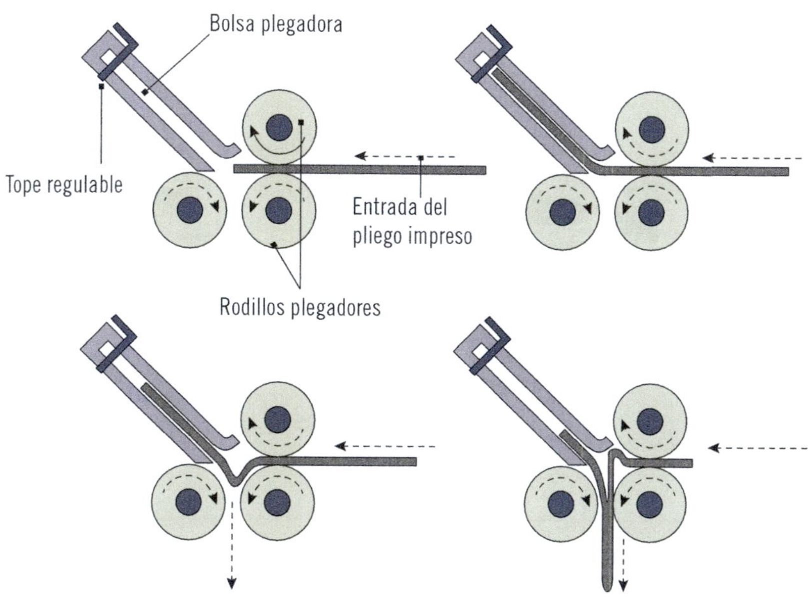

Plegadora de bolsas

Nota

A veces, se encuentran plegadoras que combinan ambos sistemas, ya que muchas plegadoras de alta velocidad incluyen el sistema de bolsas.

Plegadora combinada de bolsas y cuchillas

Dependiendo del producto, se usará un tipo de plegado u otro. Siempre acorde con la funcionalidad del impreso. Para libros, el plegado debe ir en la dirección de la fibra; para folletos se utilizan diversos tipos de plegado, ya que se va buscando el impacto visual, por ejemplo podrían ser el plegado francés, el de acordeón, etc.

Hay plegadoras que suministran más de una sección de plegado por hoja impresa, lo que les da ventaja a la hora de encuadernar.

También existen máquinas de plegado que añaden el **encolado/adhesivo.**

Cuando se trata, por ejemplo, de impresiones a doble página, puede que luego no "casen" bien **(empalme),** por lo que es aconsejable hacerlo cuidadosamente si se trata de trabajos con ilustraciones.

Otra particularidad se produce cuando se usa papel con gramaje elevado. Al hacer el plegado, las páginas internas del bloque de pliegues quedan más estrechas que las externas. Puede producirse en las páginas centrales un desplazamiento o deslizamiento hacia fuera; esto se conoce como **escalonado.** Para evitarlo, se suelen dejar unos **márgenes de nivelación** que se denominan **"escalonamiento o márgenes progresivos".**

Efecto escalonado y márgenes de nivelación

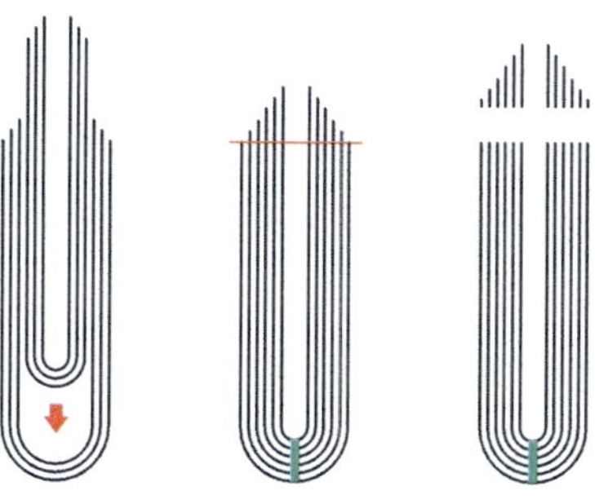

Plegado

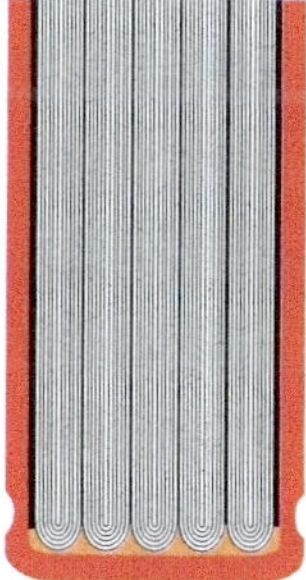

Son muy variadas las técnicas de **plegado,** sin embargo, las más utilizadas son el **plegado en paralelo** y el **plegado en cuarto o en cruz.** Los **plegados** producen efectos muy creativos y visuales.

Plegado en paralelo

El **plegado en paralelo** consiste en que todos sus dobleces son paralelos. Este proceso se emplea cuando el producto no va a encuadernarse.

Si presenta un solo doblez (en el centro) se denomina **plegado en valle** y **plegado en montaña,** haciendo mención a los rasgos geográficos que reproducen. Si aumenta el número de dobleces en paralelo, la posibilidad de combinación es infinita.

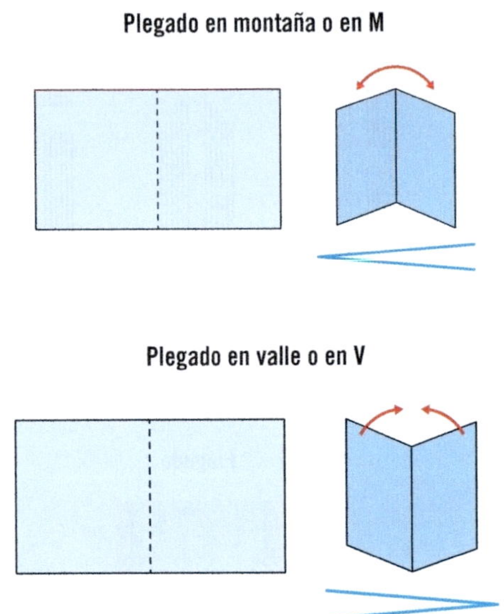

Plegado en cuarto o en cruz

El **plegado en cuarto o en cruz** es un método en el que se hace cada pliegue en un ángulo de 90º respecto del anterior, es decir, se dobla verticalmente y luego horizontalmente, formando un pliego de 4 páginas sin cortar. El plegado en cuarto o en cruz se conoce como pliegue simple.

Si se encuaderna puede dar problemas, ya que cada dos dobleces irá en dirección contraria a la fibra. Se utiliza para proyectos que se van a encuadernar y, por tanto, el pliegue a "contrafibra" se guillotina, desapareciendo así el problema.

Se pueden combinar ambos tipos de plegado.

Procedimiento de plegado en cuarto o en cruz

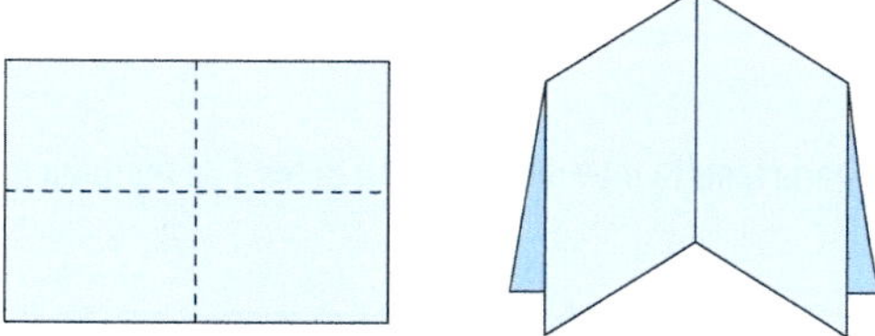

Ejemplo de plegado en cruz

Recuerde

El papel estucado o con un alto gramaje suele ser propenso a quebrarse o romperse en el borde frontal; por lo que no se aconsejan para el plegado en cruz.

Plegado en ventana

El **plegado en ventana** es un recurso que se emplea mucho en folletos o invitaciones. Suele utilizarse para imágenes relevantes que se quieran destacar.

Nota

Este tipo de plegado resulta muy interesante a la hora de reproducir imágenes panorámicas.

Normalmente, posee cuatro cuerpos (dos exteriores y dos interiores), de manera que los cuerpos derecho e izquierdo se doblan hacia el interior. Para ello, los cuerpos exteriores deben ser ligeramente más estrechos que los exteriores, que sí poseerán las mismas medidas. Así, no se superponen en el lomo. De todas formas, también se puede encontrar, a menudo, este tipo de plegado con tres cuerpos.

Procedimiento de plegado en ventana

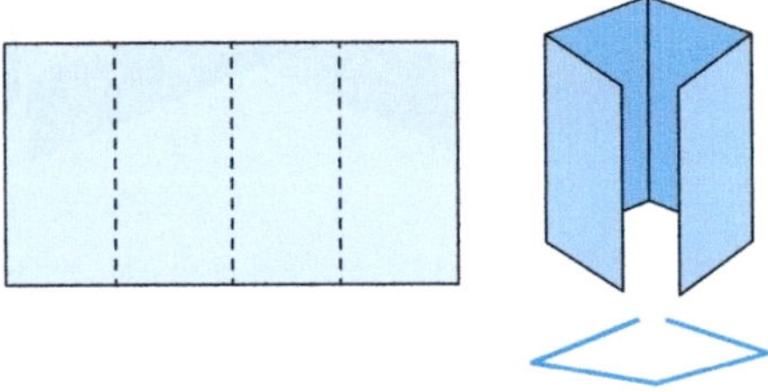

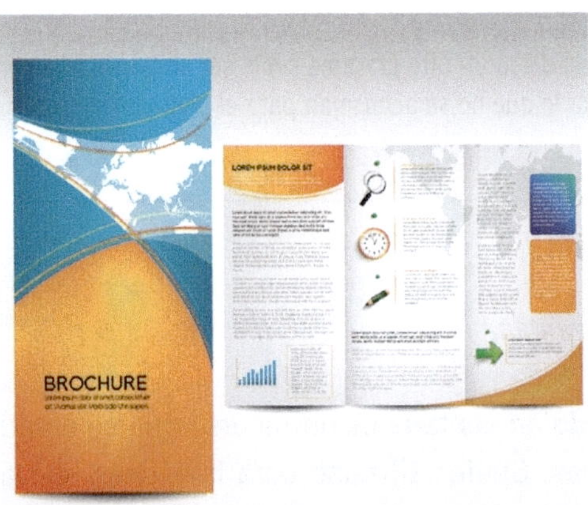

Muestra de plegado en ventana

Plegado en acordeón

El **plegado en acordeón** produce un efecto muy visual. Se realiza mediante pliegos paralelos en direcciones opuestas que se van abriendo. Tiene como ventaja que permite un mayor número de páginas y así se obtiene una publicación de tamaño menor.

Se puede abrir de izquierda a derecha. Hay que tener en cuenta a la hora de diseñarlo que el contenido y el diseño deben ser coherentes. Se trata, pues, de un plegado formado por pliegues de valle y montaña alternos, lo cual permite una publicación de gran longitud (dependiendo del número de pliegues que se haga) que al plegarse, reduce su tamaño.

Procedimiento de plegado en acordeón

Muestras de plegado en acordeón

Plegado en cilindro

El **plegado en cilindro o envolvente (o de cartera)** también ofrece un efecto visual muy interesante. Está compuesto por un conjunto de pliegues paralelos en valle que se doblan varias veces entre sí. Este tipo de plegado hace que el contenido se vaya revelando al lector lentamente, cuerpo a cuerpo. A la hora de diseñarlo, hay que ser muy coherente, ya que debe ofrecer información que se lea tanto de forma individual como en conjunto, por lo que el tema de composición de textos e imágenes ha de estar muy bien pensado.

Procedimiento plegado envolvente

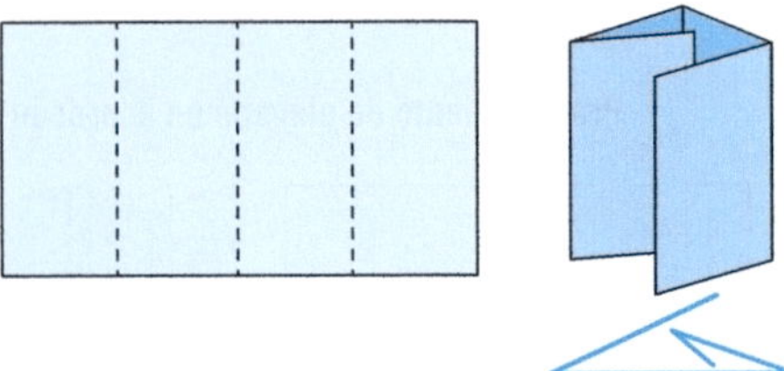

Plegado en envolvente (© Fotografía: annanta vía web - CC BY-SA 3.0)

Actividades

7. Elija un tipo de plegado y haga una maqueta. ¿Se combinan dos o más clases de plegado? ¿Para qué tipo de producto impreso utilizaría su maqueta?
8. ¿Qué tipo de plegado reconoce en este folleto? ¿Hay más de un tipo de plegado? ¿Observa algún acabado más?

Continúa en página siguiente >>

<< Viene de página anterior

(© Fotografía: annanta vía web - CC BY-SA 3.0)

Aplicación práctica

Como diseñador le han encargado que realice el mapa de su ciudad indicando sus monumentos y lugares de interés turístico, así como hoteles, bares, zonas de *parking* y restaurantes. Además, el plano consta de información relevante, pequeñas reseñas a los monumentos históricos, horario, precio, descuentos e imágenes. También se incluye publicidad de algunos patrocinadores.

Realice la maqueta del plano con el sistema de plegado más indicado y describa el tipo de acabado que utilizaría.

SOLUCIÓN

Al contener tanta información e imágenes, incluido un mapa de la ciudad en el que hay que destacar las zonas históricas, sus monumentos, restaurantes, hoteles y zonas de *parking,* lo

Continúa en página siguiente >>

<< Viene de página anterior

ideal sería utilizar el plegado en cruz, que permite hasta un plegado triple en 32 páginas, por lo que se cuenta con numerosas páginas por delante y por detrás para poder distribuir la información y las imágenes.

Plegado en cruz

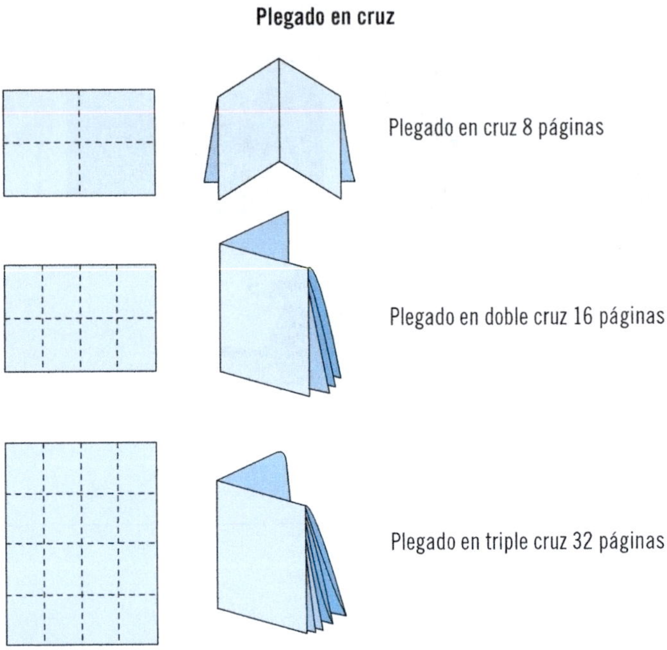

Otra opción sería el plegado en acordeón o zigzag combinado con el plegado en cruz. También permite una gran cantidad de páginas que además quedan recogidas en un tamaño pequeño. Consistiría en realizar un plegado en acordeón o zigzag y después aplicarle un doblado en cruz, en 90º. Estos plegados serían de fácil manejo para el turista, tanto para plegarlo como para desplegarlo. No debe olvidarse la funcionalidad del diseño, que debe adaptarse a las condiciones en las que vaya a servir.

En cuanto al tipo de acabado, dependería del presupuesto, sin embargo, lo ideal sería un papel estucado brillo para destacar toda la publicidad y darle cierta elegancia al producto, si bien el reflejo del sol en el mapa quizá resulte molesto al turista y entorpezca la función del plano, que es situarlo en la ciudad para poder trazar itinerarios. Lo más indicado sería un papel estucado mate, que confiere resistencia al mapa. Por otro lado, si se tratase de una ciudad lluviosa, el estucado mate se deterioraría con más facilidad, por lo que sería ideal que se utilizara el papel estucado brillo, o bien aplicar un barniz UV brillo, lo cual encarecería el producto.

Continúa en página siguiente >>

<< Viene de página anterior

Plegado en acordeón combinado con plegado en cruz, modo de ejecutar un plano o mapa turístico

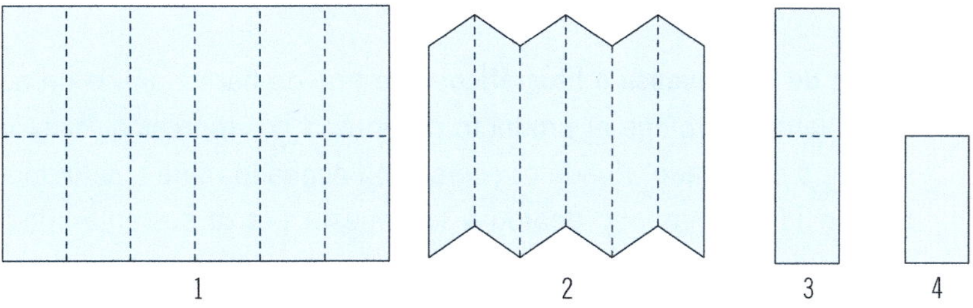

Barnizado

El **barniz** es una tinta incolora que se aplica sobre un producto impreso y cuya función es la de proteger el producto frente al desgaste, las manchas o el paso del tiempo. Aunque también se utiliza como recurso decorativo para realzar o enfatizar visualmente el diseño del proyecto. Produce tres tipos de acabados: **brillante, mate o satinado.**

Nota

El barniz tiene la misma composición que una tinta, pero sin pigmentos. Algunos barnices tienden a amarillear con el tiempo.

El **barnizado** es uno de los tratamientos más utilizados y añade un aspecto brillante sobre el producto. Es líquido y se utiliza como cualquier otra tinta. Se puede aplicar a una hoja entera o sobre partes específicas del producto impreso, para lo que se utiliza el **barnizado selectivo.** El **barnizado** se aplica directamente en la prensa *offset* o en máquinas barnizadoras, que vienen provistas de zona de secado.

Existen tres tipos de barnices según la base de su composición:

- **Barniz de base oleosa o litográfico:** este tipo de barniz añade un acabado brillante y protege el producto durante la posimpresión, evitando el repinte o el tiznado. Puede ofrecerse con acabado mate o satinado.
  Se han ido eliminando debido a la apuesta por la sostenibilidad y la regulación sobre el impacto medioambiental asociado a los solventes a base de petróleo y componentes orgánicos volátiles.
  Definición: el repinte o tiznado es un fenómeno típico de la impresión por el que una hoja impresa mancha la siguiente. Esto sucede bien por un exceso de tinta o bien porque la tinta no ha concluido el proceso de secado correctamente.
- **Barniz de base acuosa o acrílico:** es un barniz hecho de resinas acrílicas. Proporciona un acabado resistente al agua y se puede aplicar con varios tipos de brillo.
  La industria alimentaria representa el exponente máximo de esta clase de barnices, ya que son inodoros y sostenibles, por lo que envases, *packaging,* etc., están recubiertos de barnices de base acuosa.
- **Barniz ultravioleta (UV):** el barniz ultravioleta se aplica en una capa más gruesa que el resto, lo cual permite una superficie más brillante y resistente. Se seca mediante UV (luz ultravioleta) y es un método muy utilizado.

Recomendaciones básicas en el proceso de barnizado

Para el proceso de barnizado se ha de tener en cuenta una serie de factores y recomendaciones que garanticen un buen resultado en los acabados barnizados, sin errores ni defectos que puedan estropear el resultado del producto impreso final:

- Las hojas barnizadas deben "hendirse" antes del plegado, así se evitan grietas en la superficie endurecida por el barniz.
- Todos los barnices pueden aplicarse de forma selectiva sobre imágenes, ilustraciones, etc. enfatizándolos visualmente. Esto hace que

las imágenes presenten una mayor calidad. Es lo que se conoce como barnizado selectivo.

- Se recomienda el uso de papeles estucados para tener el mejor resultado en barnizados.
- Los proyectos con acabados de barnices brillantes tienen tendencia a presentar marcas y huellas de dedos de forma visible.

Hendidura
Es un proceso por el que se "marcan" mediante una muesca o ranura papeles gruesos o rígidos, facilitando así el proceso de plegado.

Clases de barnices

Actualmente, en el mercado existe una gran variedad de barnices que pueden dar un toque de distinción y valor añadido al producto impreso. Pueden combinarse varios tipos de barniz, siempre eligiendo el más adecuado para cada proyecto.

Barniz neutro

Es el **barniz básico** de máquina. Consiste en la aplicación de un **barniz** casi "invisible" que se encarga de "sellar" la tinta de imprenta sin interferir en el acabado del producto impreso. Se utiliza para trabajos de producción rápida, sobre papeles mate o satinados y así acelerar el proceso de secado de las tintas. Se realiza en "línea" con la impresión. Actúa como protector, así cuando se va a manipular el producto impreso, evita que se arañe o se manche.

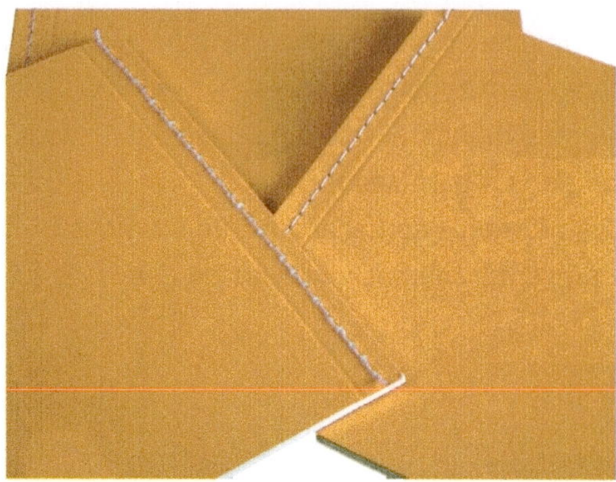

Papel con barniz neutro

Barniz brillante

Este barniz refleja la luz y se utiliza principalmente para realzar imágenes, fotografías, ilustraciones, logos, etc. elementos gráficos en general. Les aporta nitidez y saturación.

Se recomienda en papeles estucados, cartoncillos y soportes poco o nada absorbentes. No se recomienda en papeles mate, ya que no se puede controlar el resultado final. Presenta un alto brillo y opacidad, por lo que es resistente al frote.

Barniz mate

El barniz mate presenta un rápido secado y una buena resistencia al frote. Muy recomendado para la técnica "mojado sobre mojado". Se utiliza principalmente para páginas que tienen mucho texto, ya que al difundir la luz y reducir el deslumbramiento, lo hace ideal para la legibilidad. Está indicado tanto para papeles estucados mate y brillo.

Papel con barniz mate (© Fotografía: Janet Worg / Shutterstock.com)

Barniz satinado o sedoso

El barniz satinado, también conocido como barniz seda, es una opción híbrida entre barnices mate y barnices brillantes. Confiere cierta luminosidad al producto impreso, pero le resta el efecto "apagado" del barniz mate. Se utiliza en toda clase de papeles, ya que se adapta muy bien a ellos, conservando muy bien sus propiedades.

Nota

Pese a su denominación "sedoso", no presenta un tacto especial.

Barniz UV (Ultravioleta)

El uso del **barniz UV** está muy extendido en la actualidad. Se trata de un líquido transparente aplicado como una tinta y que se seca con luz ultravioleta de manera instantánea. Presenta un acabado mate o brillo, si bien es verdad que cada vez se utiliza más como **barniz directo,** ya que aporta más brillo que el **barniz,** además confiere una apariencia especial y un tacto suave.

El **barniz UV** se emplea como elemento de diseño, realzando el aspecto visual. Puede utilizarse para destacar imágenes concretas o bien en la totalidad de la superficie del producto impreso. En el proceso de **preimpresión** se trabaja en el archivo digital como una **"quinta tinta"** y para ello se utiliza un color en una capa que cubra el lugar del **barniz.**

El **barniz ultravioleta** se realiza tanto en serigrafía como en impresión *offset,* proporcionando una capa de barniz brillante, uniforme y duradero.

Definición

Serigrafía
Sistema de impresión muy popular y flexible, en el que la tinta pasa por una "trama o malla" en la que se encuentra el diseño. Permite trabajar sobre cualquier superficie y casi con cualquier fluido.

Este tipo de barniz suele compararse con el plastificado, aunque con la ventaja de que el **barniz UV** puede ir en **reserva.** En papeles estucados se aprecia el resultado mejor que en papeles no estucados.

Papel con barniz ultravioleta

Nota

Este barniz permite cubrir una zona concreta del papel para destacarla del resto, sin embargo, el plastificado no da esta opción, tiene que cubrir toda la superficie del papel.

Tipos de barnices UV

Pueden distinguirse los siguientes:

- **Barniz UV a sangre:** es el **barniz UV** más común y utilizado, ya que es el que produce el efecto más brillante.

- **Barniz UV directo:** este tipo de barniz se utiliza para destacar zonas discretas de un diseño impreso y destacarlas con respecto al resto de la superficie. También se usa para dar “textura”. Si además se aplica sobre un **plastificado,** su efecto se maximiza.

- **Barniz UV directo con textura:** hay productos impresos a los que se le aplican texturas. Estas texturas se crean con un **barniz UV directo con textura** y le aportan una propiedad táctil adicional al producto: relieve, lija, piel de diversos tipos, etc.

- **Barniz UV con pigmentos metálicos o perlescente:** consiste en mezclar un **barniz UV** con pigmentos metálicos. Como inconveniente puede ocurrir que la distribución de esos pigmentos no sea uniforme y haya más concentración de pigmento en unas zonas que en otras. Ofrece como resultado efectos metálicos: oro, plata, nácar, etc. proporcionando un efecto visual muy interesante a los trabajos.

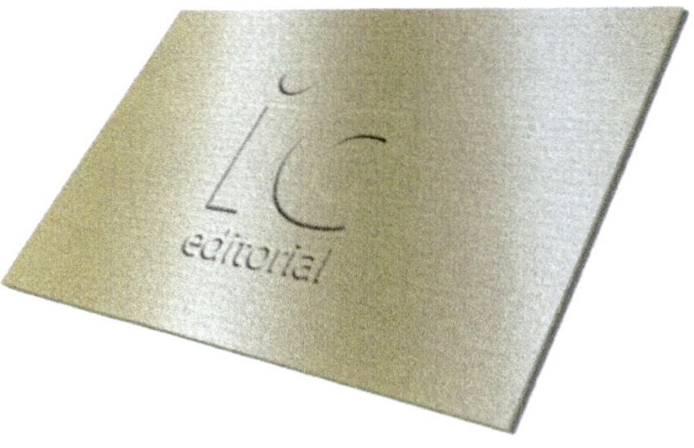

Barniz Braille

Se realiza con el sistema de lectura braille. Su función principal es diseñar símbolos de seguridad para ciegos, aunque se utiliza como acabado para conseguir efectos especiales o 3D, ya que invita a ser tocado.

Barniz oloroso

Se utiliza tanto en impresión offset como en serigrafía. Una vez aplicado dicho barniz, al frotarlo libera una serie de microcápsulas olorosas y desprenden el olor elegido. Este tipo de barniz se utiliza mucho en la industria cosmética, perfumes, incluso en la alimentaria para vinos y aceites.

Confiere un acabado único y llamativo. El barniz oloroso se aplica bajo la técnica de la serigrafía, ya que es el método que garantiza el mejor resultado para este barniz. Consiste en que una vez aplicado dicho barniz sobre la superficie, al frotarlo, se liberan unas microcápsulas olorosas que desprenden el olor elegido por el cliente.

Nota

Técnica de impresión por la que se prepara un cliché sobre una tela o malla. Se coloca la tinta y se "empuja" hacia el papel o soporte donde deba ir impresa. Los resultados son muy interesantes y llamativos.

Actividades

9. ¿Cree que el barniz braille debiera ser obligatorio en todos los productos? Razone su respuesta.

Aplicación práctica

Imagine que una prestigiosa marca de perfumes, Aurum, cuyo *branding* (o imagen de marca) es el color dorado, le encarga la realización de un *packaging* donde destacar la marca. ¿Qué tipo de acabado utilizaría? ¿Qué barniz elegiría? Además, para su publicidad en revistas requieren una muestra del olor de su prestigioso perfume, ¿qué barniz sería el más indicado? ¿Habría algún inconveniente? Razone su respuesta.

SOLUCIÓN (Propuesta)

Para el *packaging* y destacar su marca Aurum, utilizaría un **altorrelieve o golpe seco.** Esta técnica es meramente decorativa y ofrece un gran efecto visual. Consiste en una estampación sobre papel de alto gramaje (a partir de 100 g), que enfatiza el diseño proporcionando un efecto tridimensional.

Se realiza mediante un cliché hembra y otro macho que actúan por presión, quedando marcado el relieve en el papel.

Sobre el logotipo Aurum, usaría un barniz UV selectivo con pigmentos metálicos en color oro. El barniz selectivo se utiliza solo sobre zonas elegidas de la superficie impresa. El barniz UV con pigmentos metálicos ofrece un resultado muy elegante y visual. El único inconveniente es que los pigmentos metálicos no estén repartidos de forma uniforme y haya más pigmentos en una zona que en otra.

Propuesta de altorrelieve y barniz UV selectivo en pigmentos metálicos (oro)

Continúa en página siguiente >>

<< Viene de página anterior

Para la publicidad en revistas no utilizaría la técnica de altorrelieve, ya que sería publicidad impresa e incluida dentro de la revista, sin embargo, usaría el barniz UV selectivo con pigmentos metálicos para su marca, e incluiría en el anuncio una foto del frasco de perfume que al frotarlo liberase su olor. Para ello, utilizaría el **barniz oloroso,** que libera microcápsulas con el olor que el cliente desee.

Plastificado, laminado o peliculado

El **plastificado, laminado o peliculado** es un proceso más caro que el barnizado, aunque tiene una serie de ventajas: brillo, mayor rigidez de la hoja y una mayor protección frente al uso o la humedad. Otra de las ventajas es que añade impermeabilidad a un documento, evita el rasgado y también lo protege frente a falsificaciones. Este método consiste en recubrir la página impresa con una película plástica mediante una intervención de calor. La encargada de hacer esto es una máquina plastificadora especial, la cual con base acuosa y mediante calor adhiere una lámina de plástico al papel impreso. Este efecto también se aplica con fines estéticos.

Plastificadora de gran formato

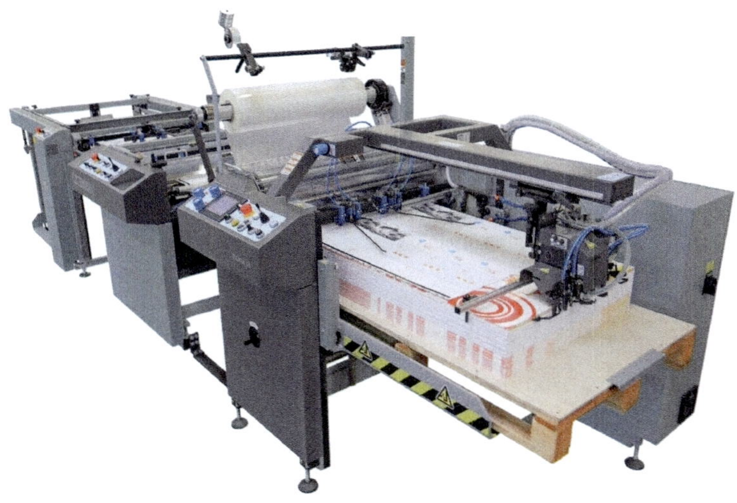

Plastificadora con sistema de cuchillas de corte incorporadas

Para conseguir un efecto de **alto brillo,** el material utilizado es **acetato de celulosa,** sin embargo, para evitar que se rompa o se rasgue, se usa **polipropileno.** El acabado plastificado puede ser brillante, mate, con relieve o con textura.

Packaging con plastificado, laminado o peliculado. Consigue una mayor resistencia de la hoja y evita que se rompa o rasgue.

Sabía que...

El acetato de celulosa (o zylonita, zyl, Cellon o Rodoid) tiene numerosas aplicaciones. Aparte de usarse como barniz, tiene otros usos como base para películas de fotografía, componente de adhesivos y explosivos, fibras sintéticas, componente en las monturas de gafas, etc. El polipropileno es utilizado para empaques de alimentos, tejidos, películas trasparentes, etc.

Sobre todo, suele utilizarse para las cubiertas y sobrecubiertas de los libros. Aunque también puede encontrarse en el interior de libros u otro tipo de trabajos que persigan un gran impacto visual.

Normalmente, respecto a las cubiertas, suele aplicarse un **plastificado mate.** La **laminación mate** aporta protección sin brillo, aunque es más propensa a las manchas, rayado y emborronado. Hay que tener en cuenta que si el objeto laminado es oscuro, el plastificado potenciará aún más tal efecto, por lo que hay que considerar si es el resultado visual deseado.

Cubierta de tela con impresión en laminado mate

En cuanto a las características del papel a utilizar, debe ser lo más liso posible, preferiblemente estucado o con un buen acabado satinado.

Cubierta impresa con Pantone gris, laminado mate y sobreimpresa con barniz UV selectivo (© Fotografía: Karen Horton vía web - CC BY 2.0)

Actividades

10. Escoja un par de libros de su estantería y analice los barnices que componen su cubierta. Razone su respuesta.

Relieve y grabado en seco

El **relieve o grabado en seco** es una técnica de acabado por la que un diseño se estampa en un soporte, bien con tinta o lámina o sin ellas. El resultado de dicha estampación queda realzado o en tridimensional. Su función es meramente decorativa y ofrece una textura al diseño que lo enfatiza.

Se utiliza mucho como recurso para realzar tipografías, logos o dibujos.

Se realiza mediante un molde hembra **(cliché),** que presiona el papel sobre el molde macho. Así, por medio de presión queda marcado el relieve en el papel.

Colocación del modelo o matriz hembra

Colocación del molde o matriz macho

Funcionamiento moldes hembra y macho, relieve y grabado en seco por presión

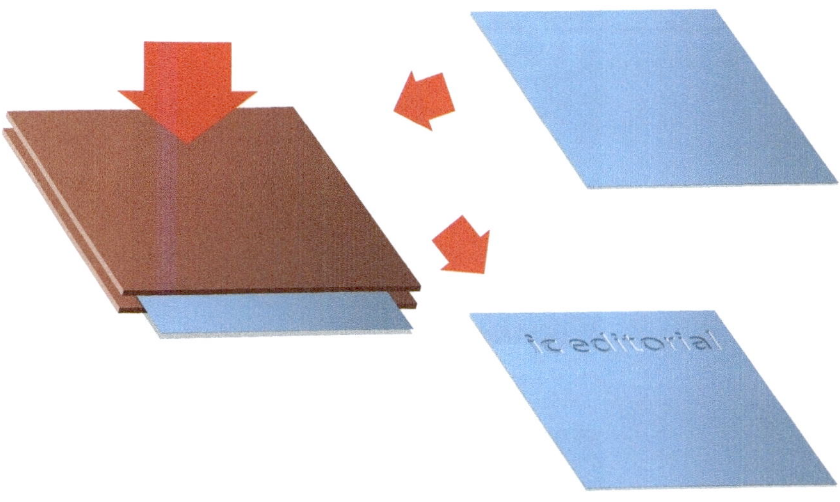

Se aconseja el uso de papel de alto gramaje (a partir de 100 g) y grosor, ya que aguanta mucho mejor el **relieve** que los materiales finos, que se quiebran con facilidad o no reflejan bien el efecto. El **relieve** puede ser más o menos profundo, definiéndose como **altorrelieve (realzado) o bajorrelieve (grabado en seco** o ***letterpress*).** Existen dos tipos de relieve y grabados en seco:

a. **Relieve o altorrelieve:** impresión realzada con tinta o lámina sobre la imagen en relieve.

Altorrelieve con barniz UV con pigmentos metálicos

Altorrelieve con barniz UV con pigmentos metálicos

Altorrelieve con barniz UV con pigmentos metálicos

b. **Relieve ciego o altorrelieve:** impresión realzada sin tinta o lámina sobre la imagen en relieve.

Relieve ciego o altorrelieve sin tinta

Altorrelieve y bajorrelieve combinados, sin tinta

c. **Grabado en seco, bajorrelieve o *letterpress:*** se trata de una impresión hundida (bajorrelieve) con tinta o lámina.

Tarjeta vertical bajorrelieve o letterpress con tinta

Tarjeta bajorrelieve o letterpress con tinta

d. **Grabado en seco ciego, bajorrelieve o *letterpress:*** es un recurso muy utilizado. El **bajorrelieve** es una impresión hundida sin tinta ni lámina. Ofrece resultados elegantes y cuidados.

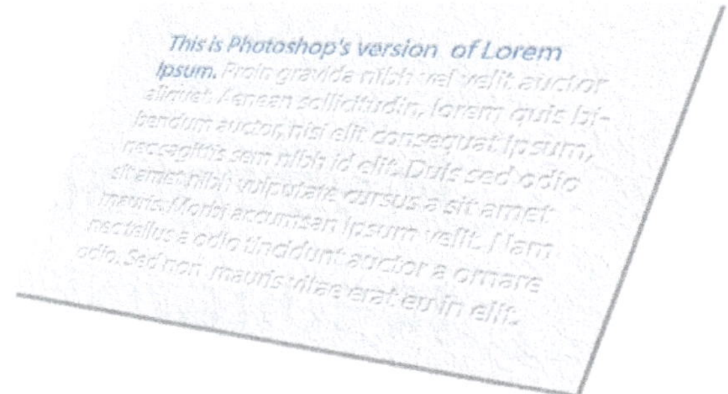

Bajorrelieve grabado en seco, combinado con letterpress con tinta

También pueden encontrarse trabajos en los que se combinan el **altorrelieve** con el **bajorrelieve,** por ejemplo, para patrones decorativos y con ***letterpress*** **(bajorrelieve)** con tintas, barnices, etc.

Consejo

Se recomienda usar papel de alto gramaje (a partir de 100 g) y grosor, para evitar que se quiebre al realizar el relieve.

Letterpress con tinta y bajorrelieve grabado en seco ciego para patrones decorativos

Altorrelieve combinado con letterpress y bajorrelieve con tintas

Aplicación práctica

Una floristería le encarga el diseño de sus nuevas tarjetas. Quieren algo muy elegante. Le plantean unas tarjetas con los cantos redondeados y motivos florales ornamentales. Para ello han seleccionado algunas ilustraciones de plantas que deben quedar “hundidas” en el papel y destacar con tintas las flores. La marca de la floristería, así como su web, dirección y teléfono, también deben quedar hundidas, pero con tinta. ¿Cómo plantearía los acabados de las tarjetas? ¿Qué técnica utilizaría para “hundir” en el papel los motivos florales? ¿Y para hacer los cantos redondeados? ¿Qué tipo de barniz utilizaría para las flores?

Continúa en página siguiente >>

<< Viene de página anterior

SOLUCIÓN

Para realizar estas tarjetas de forma elegante y según los acabados sugeridos utilizaría los siguientes acabados:

1. Troquelado: para hacer los cantos redondeados de la tarjeta, utilizaría un troquel.
2. Para que las ilustraciones de las plantas queden "hundidas" en el papel, utilizaría la técnica de bajorrelieve ciego o *letterpress,* técnica que mediante presión de dos moldes o clichés hembra y macho, deja marcado el "bajorrelieve" en el papel.
3. Para destacar las fotos de las ilustraciones en bajorrelieve, utilizaría un barniz UV selectivo brillo sobre la tinta del color de la flor.
4. Para la marca y demás datos, también se utilizaría el *letterpress,* pero con tinta.
5. El tipo de papel sería de alto gramaje para evitar rasgaduras durante el proceso de golpe seco.

Actividades

11. Busque en Internet fotos de altorrelieve y bajorrelieve *(letterpress)* con y sin tintas, realizados en diferentes soportes.

Estampación o *stamping*

Este es otro método de acabado que otorga distinción a un producto. Su función es meramente estética y se utiliza tanto para publicaciones como productos o *packaging.* En la década de los 70 y 80, los editores utilizaban mucho este recurso en los *best-sellers.* Actualmente, se utilizan otras técnicas más sutiles, por lo que todos estos acabados están sujetos a modas y estéticas.

Es un tipo de impresión que se realiza por calor. Es determinante el buen control de la temperatura, la fuerza del cliché (o matrices), la clase de papel utilizado y las propiedades de la lámina. Esta lámina se denomina ***foil,*** y consiste en una fina película de poliéster con pigmentos, transferible por calor.

Nota

Es muy importante separar la película de su hoja de protección correctamente y así poder garantizar una buena calidad en el acabado.

En cuanto al tipo de papel a utilizar, la gran mayoría se adapta bastante bien; quizá el papel estucado es el que puede dificultar un acabado perfecto, ya que, a veces, salen burbujas de aire. También se podría decir lo contrario, que hay ciertos tipos de películas que no funcionan con algunos papeles.

Esta técnica de **estampado** no es muy "amiga" de los detalles con mucha precisión y tipografías pequeñas, por lo que se recomienda que las áreas a estampar sean grandes y gruesas.

Packaging con estampado con estampación cobre metalizado

Estampación cobre metalizado (© Fotografía: 360b / Shutterstock.com)

Estampación color negro

Actividades

12. Explique la diferencia entre estampado (o *stamping)* y relieve o golpe seco. Ponga un par de ejemplos para los que utilizaría la estampación.

Aplicación práctica

El Museo Nacional del Prado celebra una exposición con las Pinturas Negras de Goya. Necesitan un desplegable que vaya revelando poco a poco algunas de las obras de Goya expuestas en el museo, como si fuera una sorpresa encontrarse con ellas. Además, habrá un breve texto introductorio de la exposición, el museo y su autor. En la portada, ya que todo va en blanco y negro, desean dar un toque de distinción e incluir el logotipo del museo en un círculo con tono metalizado. Obsérvese que el logotipo del Museo del Prado no presenta detalles minuciosos y se trata de tipografía de palo seco. ¿Qué tipo de desplegable utilizaría? ¿Y acabado?

MUSEO NACIONAL
DEL **PRADO**

SOLUCIÓN

Utilizaría para realizar el folleto un plegado envolvente, ya que este tipo de plegado permite "ir descubriendo poco a poco el contenido", agudizando el factor sorpresa del lector, lo que permitiría incluir las imágenes de las obras de Goya en blanco y negro en la cara interna y en la cara externa incluir la información y textos necesarios con respecto al autor, al museo y a la exposición.

Por otro lado, por el hecho de querer incluir un detalle elegante en la portada con el logotipo del Museo del Prado circunscrito sobre una tinta metálica y observando que la tipografía es de palo seco y no incluye detalles, sería preferible decantarse por la técnica de estampado o *stamping,* que mediante calor transfiere una lámina de poliéster denominada *foil,* estampando los pigmentos sobre la superficie.

3. Parámetros de calidad en encuadernación

Se conoce como encuadernación a la gama de procesos utilizados para unir las páginas o capítulos que forman una publicación impresa, como un libro, revista, folleto, etc.

Actualmente, existe una gran variedad de métodos de encuadernación, por lo que a la hora de desarrollar un proyecto impreso hay que tener muchas cosas en cuenta: la funcionalidad de la publicación, el público al que va dirigido, las condiciones temporales/espaciales a las que va a estar expuesto, la permanencia, las propiedades visuales y el coste. Así, desde el principio hay que tener muy claro el diseño y su planteamiento para obtener los resultados deseados y poder ajustarse al presupuesto. Si se elige una encuadernación y acabados de forma creativa, puede diferenciarse la publicación dándole un valor añadido.

La **encuadernación** juega un papel fundamental en el ciclo vital de una publicación, influye directamente en su conservación y durabilidad. Hay tipos de encuadernado más duraderos que otros. También los hay más económicos y otros más caros. Todo dependerá de la función de la publicación.

Hay una gran variedad de encuadernaciones. Cada una de ellas tiene sus ventajas o inconvenientes, según sea el uso del producto impreso. Para ello, deben controlarse diversos factores y hacer de nuestro producto algo único y funcional.

Antes de conocer algunos tipos de encuadernado, es importante saber un poco de **anatomía del libro,** las partes que lo componen y su función. Esto facilitará el proceso de selección de tipos de cubiertas, encuadernado, decisiones de acabado final, tacto, conservación, etc.

3.1. Anatomía del libro

A la hora de diseñar un producto tan complejo como un libro, es necesario conocer la terminología que se emplea dentro de los procesos de manipulado y encuadernado.

Anatomía exterior e interior de un libro

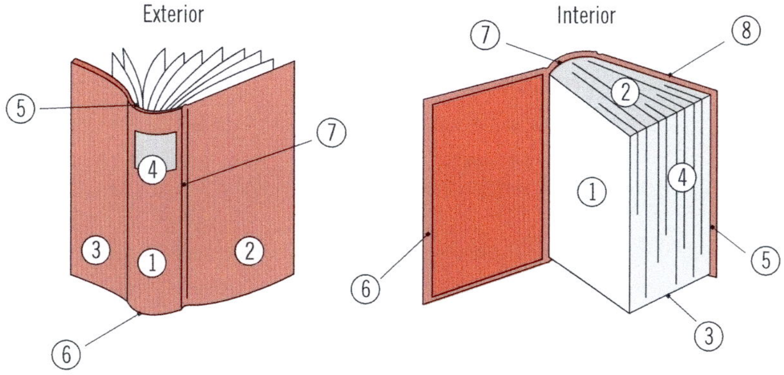

Exterior Interior

Estructura exterior de un libro:

1. **Cortes:** todos los libros presentan tres cortes: el **superior o de cabeza** (en el dibujo es el número 2, libro derecha), **el inferior o de pie** (en el dibujo es el número 3, libro derecha) **y el delantero** (opuesto al lomo) en el dibujo derecha es el número 4). El corte suele ser del mismo color del papel, sin embargo, en ediciones especiales o muy cuidadas, presenta otros colores, o puede dorarse, bruñirse, jaspearse, etc.
   Sabía que...: el **corte delantero** presenta dos formas; plano, si el lomo también lo es o **cóncavo,** si el lomo es redondo. Esta forma se conoce como **mediacaña.**
2. **Lomo:** (en el dibujo es el número 1): es la parte opuesta al corte del libro y es donde se sujetan todas las páginas. En el lomo suelen ponerse los datos esenciales del libro: título, autor y editorial.
   Importante: para calcular el ancho del lomo, se divide la cantidad de páginas por las páginas por centímetro del papel.
   Según el país, los datos irán colocados de una forma u otra. Por ejemplo, en Estados Unidos el texto suele ir de arriba abajo. Sin embargo, en Europa se hace al contrario, de abajo a arriba.
   Nota: Se lee de izquierda a derecha cuando el libro está sobre plano.
3. **Cubiertas (portada y contraportada):** (en el dibujo es el número 2 y 3) se trata de las partes exteriores del libro. Pueden ser blandas o duras, y de diversos materiales: cartón, plástico, cuero, etc. En la cubierta aparecen el título de la obra, su autor. A veces, se utilizan

recursos como ilustraciones o troqueles para hacerlo más reconocible y llamativo.

Nota: a la cubierta delantera también se la denomina **portada** y a la trasera, **contraportada.**

Contraportada, lomo con nervios decorativos y portada de un libro (en ese orden)
(© Theshelfs vía web - CC BY-SA 3.0)

4. **Nervios:** (en el dibujo es el número 1) los **nervios** son las cuerdas o cordeles que se colocan en el lomo del libro a la hora de encuadernarlo. Sirven de refuerzo. También se refiere a los salientes que se producen en el lomo una vez finalizada la encuadernación.

   Los nervios se denominan así porque antiguamente se realizaban con nervios de caballo. En la actualidad, cumplen una función ornamental.

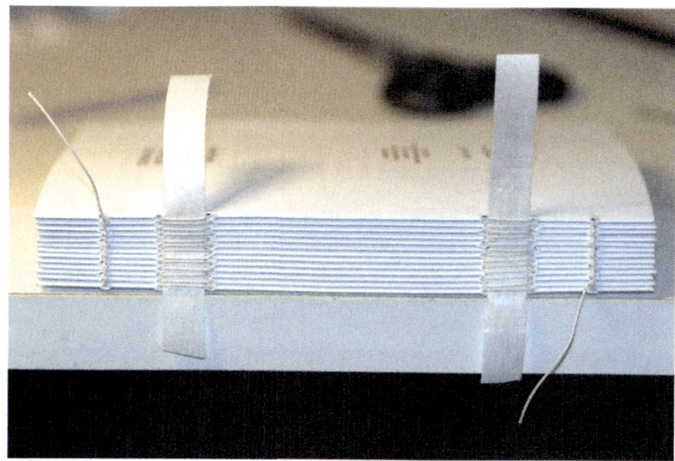

Montaje de nervios de un libro en el proceso de encuadernación (© Fotografía: Simon Eugster vía web - CC BY-SA 3.0)

Nervios decorativos en el lomo de un libro

5. **Tejuelo:** (en el dibujo es el número 4) pequeño trozo de algún material como piel, tela, papel, etc. cuyo color suele contrastar con la piel del lomo (no todos los libros tienen por qué llevarlo). Va pegado al lomo y lleva impreso el nombre del autor y el título.

Tejuelo en el lomo: Autor y título

Estructura interior de un libro

1. **Guardas** (en el dibujo es el número 1, libro de la derecha) son hojas de papel grueso, dobladas sobre sí mismas y colocadas por el encuadernador para unir el libro a la tapa. Suelen ser de un papel distinto, normalmente incluyen objetos ornamentales, mapas, etc. imitando el diseño de los libros antiguos.

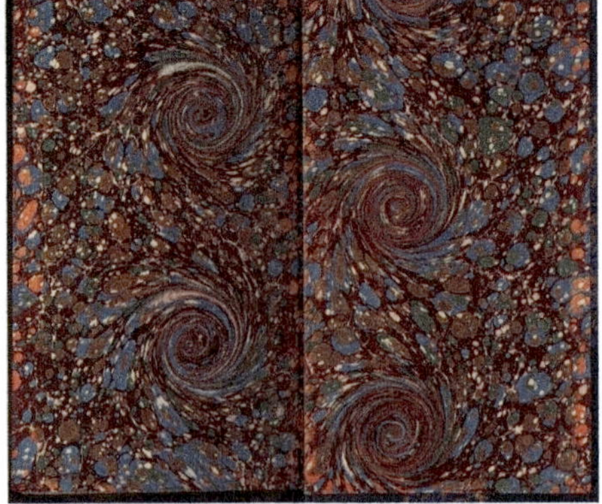

Guardas con motivos ornamentales

2. **Cabezada o capitel** (en el dibujo es el número 7, libro de la derecha) se sitúa en la parte superior del lomo. Son franjas decorativas que se colocan como protección u ornamento. Pueden ser de diferentes colores o incluir franjas.

Cabezada o capitel decorativo en la parte superior del lomo de un libro (© Fotografía: Dmeranda vía web - CC BY-SA 4.0)

3. **Ceja** (en el dibujo es el número 7, libro de la derecha) es el espacio de la tapa (dura) sobresaliente del libro. Su misión es proteger el libro del desgaste o roce. Tiene varios nombres: cejilla, contracanto, pestaña, etc.

Actividades

13. ¿Cuáles son los cortes de un libro? Haga un esquema de las partes que forman un libro.

Grapa

La **encuadernación grapada o cosido metálico** es uno de los métodos más utilizados para las publicaciones más o menos efímeras, como revistas o folletos. Existen dos tipos de **encuadernación grapada:**

- Grapado por el lomo o en caballete
- Grapado lateral o costura francesa

Grapado por el lomo o en caballete

Consiste en un pliego encajado o en un conjunto de pliegos insertados uno dentro de otro.

Los cuadernillos se incluyen uno dentro de otro

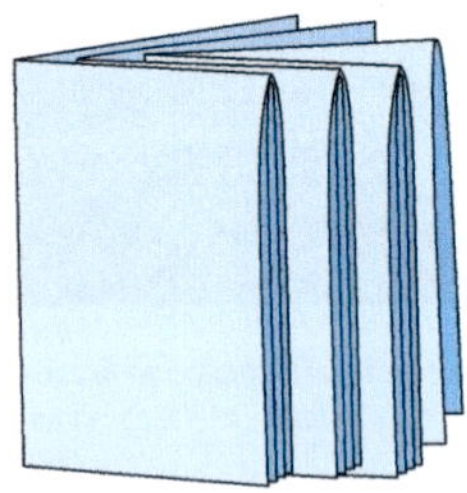

Suele utilizarse en publicaciones con un número de páginas no excesivo, ya que hay que tener en cuenta que según el número de páginas y el gramaje del papel, los cuadernillos centrales sobresalen, produciéndose el **efecto escalonado,** para lo que habrá que hacer uso de los **márgenes de nivelación** y evitar dicho efecto.

Efecto escalonado

Nota

Al plegar los cuadernillos, las hojas centrales sobresalen, siendo el efecto más acusado en las hojas centrales.

Cuando se tienen los pliegos unidos y colocados uno dentro de otro, se ponen bajo una montura de metal provista de un cabezal que va insertando las grapas de forma ininterrumpida.

Las máquinas cosedoras de alambre bien pueden ser manuales y autónomas, o automáticas de gran velocidad, que cubren varias funciones: encuadernan, compaginan, cosen y cortan hasta 10.000 copias a la hora.

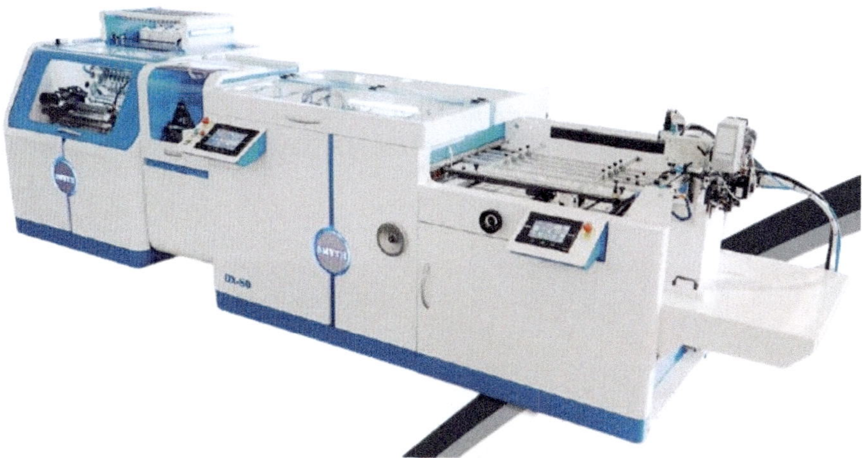

Máquina cosedora con hilo metálico (© Fotografía: «https://emgraf.com/2023/05/02/cosido-libros-smyth-dx-80/»)

El grapado en lomo o caballete se recomienda para publicaciones sencillas y no superar las 100 páginas.

Actualmente, el grapado se realiza con máquinas cosedoras industriales.

Las cosedoras corrientes guillotinan el producto impreso y también lo grapan.

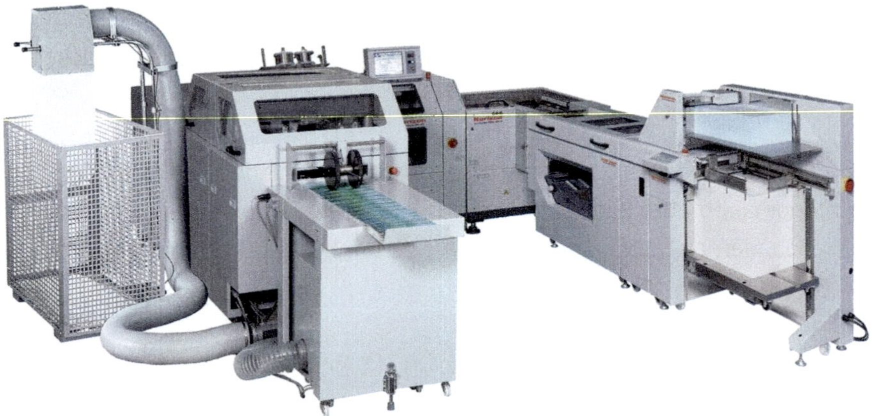

Tren de grapado, junta los pliegos o cuadernos impresos y la cubierta, introduce las grapas y realiza los tres cortes.

Grapado por el lomo o en caballete

Grapado lateral o costura francesa

Este tipo de grapado se utiliza en volúmenes más grandes. Una vez colocados y agrupados los pliegos, las grapas se colocan a un mínimo de 6 mm del borde del lomo que ha sido previamente perforado. Los pliegos, si alcanzan cierto grosor, se graparán en ambas direcciones.

Una publicación encuadernada con este método no se mantendrá abierta de forma natural, por lo que es recomendable que el diseñador imponga unos márgenes internos más anchos de lo normal.

Las grapas suelen quedar cubiertas por una carátula encolada.

Actualmente, existen otros métodos que ofrecen mayor durabilidad y resistencia en los encuadernados, por lo que el método del grapado está cayendo en desuso.

Grapado lateral o costura francesa

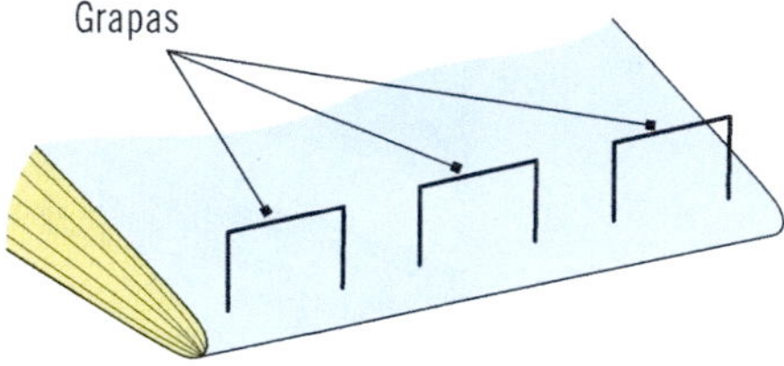

Recuerde

En el grapado lateral, las hojas o pliegos están sueltos y en el grapado en caballete están plegadas y unidas por el centro.

Aplicación práctica

Está estudiando diseño gráfico en una Escuela de Arte en la que mensualmente se edita un fanzine (no muy extenso) con obras de ilustración y diseño de sus compañeros. Si tuviese que realizar dicho fanzine, el cual tendría que llegar a un gran número de alumnos y lectores, ¿qué tipo de encuadernación utilizaría?

SOLUCIÓN

Para realizar un fanzine con pocas páginas y que llegue al mayor número de público posible, el tipo de encuadernación ideal sería la encuadernación grapada por el lomo o en caballete. Este tipo de encuadernación se utiliza para publicaciones con un número de páginas no excesivo. Los cuadernillos se insertan uno dentro de otro. El papel no debe tener un gramaje alto, ya que si no, acentuaría el efecto escalonado en las páginas de los pliegues centrales.

Este tipo de encuadernación permite que el proceso sea manual, de no ser así y tener que recurrir a un proceso industrial, si no se contase con grapadora o cosedora de hilo metálico, seguiría siendo el proceso de encuadernación más económico.

Fanzines grapados por el lomo o en caballete

Actividades

14. Explique la diferencia entre grapado en caballete, costura francesa, grapado en lomo y grapado lateral.

Rústica

La encuadernación rústica, conocida popularmente como encuadernación de tapa blanda, es un método de encuadernación muy utilizado y extendido. También recibe otras denominaciones como: encolada, no cosida o americana. Este proceso también es utilizado por la encuadernación de tapa dura o cartoné.

Este tipo de encuadernación surgió a finales del siglo XIX, cuando las editoriales empezaron a usar esta técnica de encuadernación y la publicación editorial masiva, comercializando ejemplares accesibles económicamente para personas con menor poder adquisitivo. Así, se disparó el consumo de libros de bolsillo entre una población que veía cómo disminuía su tasa de analfabetismo ante la necesidad de contar con trabajadores con mayor formación en una etapa de desarrollo económico. Además, este tipo de ejemplares tenían escaso valor y poca durabilidad, por lo que no propiciaban el coleccionismo.

La encuadernación en rústica necesita de un proceso denominado **fresado,** consistente en lo siguiente: plegados los cuadernillos, se introducen en la máquina encuadernadora, que ordena los pliegos, los mete en las guillotinas donde se le cortan los lomos unos 2-3 mm y lija la superficie del corte para dejarla rugosa y así facilitar la adherencia de la cola.

Importante

Las publicaciones que contienen imágenes o textos que atraviesen el margen del lomo deben dar un margen suficiente para que se produzca el corte de 2-3 mm sin cercenarlos.

Concluida esta fase, el libro consiste en un bloque de hojas sueltas; se encola por la parte del lomo manteniendo las hojas unidas y fijas para colocar las tapas.

El adhesivo o cola utilizada puede ser de dos clases: en **dispersión,** como el **acetato de polivinilo (PVA),** muy resistente, pero necesita de más tiempo de secado, **o por fusión o termosoldantes** como el poliuretano termoplástico (PUR). A veces se combinan ambos tipos. El **PVA** para encolar los pliegos y los **termosoldantes** para las tapas.

Encuadernación rústica pegada (© Fotografía: SajoR Vía Wikimedia Commons - CC BY-SA 2.5)

Finalizada esta fase, los libros pasan a la **cortadora trilateral** y se realizan los **tres cortes: pie, frontal y cabeza.**

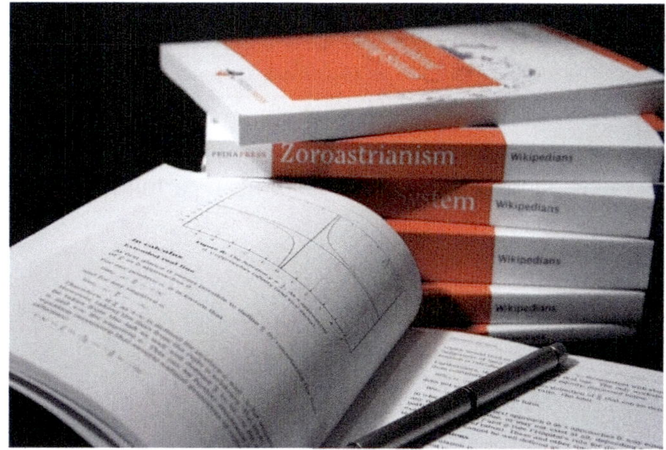

Encuadernación en rústica o tapas blandas (© Fotografía: He!ko vía web - CC BY-SA 3.0)

Rústica fresada (fresada o americana)

Es una variante de la **encuadernación rústica.** Se diferencia en que el libro se encuaderna como un todo sin practicarle el corte a 3 mm que hace que las hojas o pliegos queden sueltos.

El método consiste en que en la fase de **prensa, plegado o encolado** se le practican una serie de perforaciones a lo ancho del lomo, con lo que la cola penetrará mejor, así el lomo será más sólido.

Encuadernación fresada o americana (© Fotografía: changeorder vía web - CC BY-SA 2.0)

Este tipo de **encuadernación fresada o americana** se caracteriza por ser más resistente, además, resulta más económica que la **encuadernación cosida** y hace que los libros se abran más fácilmente.

Para las **tapas blandas o cubiertas** se utilizan cartulinas con gramajes que oscilan entre 200-300 g.

Encuadernación americana artesanal

Actividades

15. Sitúe el fenómeno de la encuadernación en su contexto histórico-económico y busque en Internet alguna publicación de ese momento.

Rústica cosida

La **encuadernación rústica cosida con hilo** es uno de los métodos más tradicionales de encuadernado y se utiliza en publicaciones con una serie de características especiales. Es un proceso que resulta menos económico que la **encuadernación rústica encolada.** Es ideal para publicaciones de uso diario y publicaciones de calidad como libros de arte, fotografía o incluso de texto. Por tanto, se usa papel rígido y de cierto gramaje, y estucados brillantes.

La diferencia principal es que los libros no se deshojan. Las hojas plegadas se agrupan y, tras alzarlas, se introduce un hilo a través del lomo de cada pliego y se unen formando una tripa. Es muy importante que la dirección de la fibra vaya en la dirección del lomo, garantizando así un encuadernado resistente. Esta tripa cosida se encola a las cubiertas por el lomo. No se produce el fresado del lomo. Una vez encoladas las cubiertas, se pasa al guillotinado de los tres bordes del libro.

La encuadernación con hilo es uno de los métodos más tradicionales (© Fotografía: Michal Mañas vía web - CC BY 2.5)

Recuerde

Los tres cortes del libro son cabeza, pie y falda.

Cosido en plano

El **cosido en plano o cosido en lateral,** es otra variante por la que el hilo atraviesa en vertical los pliegos del bloque del libro, pero a una distancia de unos 6 mm del borde. Esta técnica ofrece una mayor resistencia. Este método se utiliza mucho en publicaciones divulgativas y en libros infantiles.

Uno de los métodos de cosido con hilo

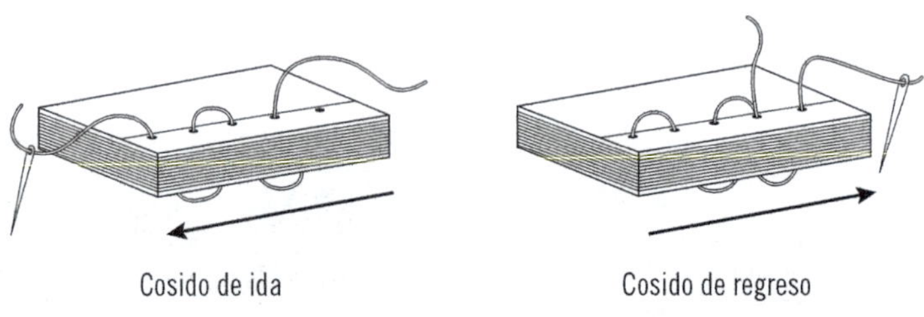

El cosido con hilo se ha puesto muy de moda, ya que añade distinción a un producto (© Fotografía: Andreas Decker vía web - CC BY 2.0).

Cosido Smyth o termocosido

Esta técnica es un híbrido entre la **encuadernación cosida con hilo** y la **encuadernación rústica encolada.**

Para el cosido se utiliza una máquina plegadora adaptada que pliega y cose el papel de forma simultánea.

La diferencia de esta técnica es el hilo utilizado. Se trata de un hilo de plástico especial que se funde con la exposición al calor. Plegados los cuadernillos, el hilo pasa a través del lomo, cosiéndolos por separado.

Finalizado el cosido se aplica calor al hilo, que se funde, quedando el cuadernillo unido.

Después, se encolan para unir todos los cuadernillos a la tripa y proceder a adherirle las cubiertas. Si se trata de rústica o tapa blanda, se realiza en la misma fase, sin embargo, si se trata de tapa dura, las cubiertas se añadirán después del encolado.

Actividades

16. Explique brevemente las diferentes técnicas de encuadernación en rústica. Busque ejemplos de cada técnica.
17. ¿Qué tipo de encuadernación reconoce aquí?

Tapa dura o cartoné

La denominación **encuadernación cartoné** proviene del francés *cartonée,* que significa **encartonada,** aunque popularmente se la conoce como **encuadernación de tapa dura.**

La característica principal es que la tripa del libro, cosido o encolado, va unido a unas cubiertas rígidas de cartón.

Estas cubiertas se realizan mediante máquinas confeccionadoras que revisten la parte frontal, lomo y dorsal, con el material elegido: tela, papel o material sintético.

Normalmente, las telas son de un solo color, sin embargo, hay veces que pueden llevar algún diseño impreso. En la portada y en el lomo suele imprimirse el título, autor, etc., mediante el proceso de **estampación.**

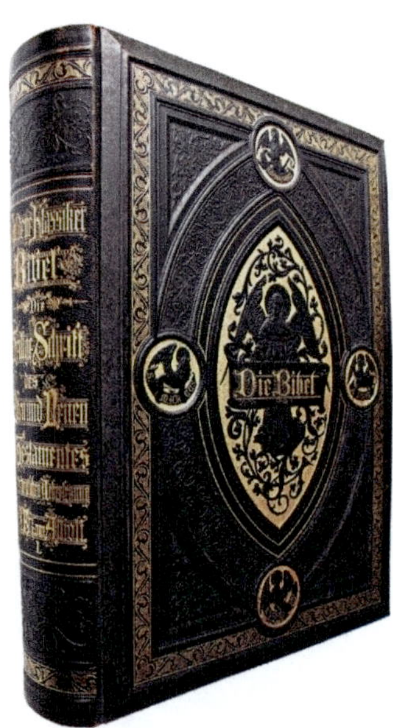

Encuadernación cartoné y portada estampada en oro

La encuadernación cartoné o de tapa dura pasa por el proceso que se describe a continuación.

Las **guardas** se realizan en papel fuerte no estucado y se encolan al primer y último de los pliegos. Se pegan a los cartones de la cubierta, por lo que la tapa queda unida al libro. Si el papel del libro es resistente y el libro lleva **autoguardas,** estas sustituyen al pliego de guardas anexo. Esto quiere decir que la primera y última hoja del bloque del libro se adhieren directamente a las tapas.

Definición

Autoguardas
Encuadernación en la cual las guardas del libro son la primera y última hoja de los cuadernillos. Este sistema ha caído en desuso y se utilizan más las guardas que se incluyen por separado.

Las guardas suelen imprimirse en un solo color sólido, aunque a veces llevan ilustraciones que realzan el diseño del libro.

Guardas decorativas que aportan valor añadido al libro

Recuerde

Las guardas son hojas de papel grueso dobladas sobre sí mismas y colocadas por el encuadernador para unir el libro a la tapa. Suelen ser de un papel distinto, normalmente incluyen objetos ornamentales, mapas, etc., imitando el diseño de los libros antiguos.

En cuanto a láminas ilustradas, si van impresas en un papel diferente al resto del libro, se incorporan en pliegos de 8-16-32 páginas. Otra técnica, aunque encarece el producto, es el **encarte;** en la que se imprime una hoja suelta aparte y se adhiere mediante el **borde o ceja.**

Definición

Encarte
Cuadernillo o capítulo de un libro impreso por separado y con otro tipo de papel que se coloca de forma manual o a máquina dentro del libro.

Borde o ceja
Es el espacio de la tapa (dura) sobresaliente del libro. Su misión es proteger el libro del desgaste o roce. Tiene varios nombres: cejilla, contracanto, pestaña...

Después, el libro se cose mediante las técnicas de cosido, encolado, etc. y se prensa, por un lado para reducir el grueso del lomo, que ha aumentado por los pliegos, y, por otro lado, para reducir el abultamiento producido por el cosido.

Aunque una gran parte de libros de **tapa dura** se cosen, cada vez más se utiliza la técnica del **encolado (a la americana, no cosido, fresado),** sobre todo el encolado PUR, ya que ofrece una mayor resistencia y menor coste de producción.

En cuanto al **lomo,** puede ser **plano,** suelen ser libros que no presentan suficiente grosor, o bien, puede ser **redondeado y reforzado con cajos.** Esta técnica refuerza el agarre de los cuadernillos y evita el **efecto escalonado,** es decir, el desplazamiento de los pliegos centrales.

Lomo de libro redondeado (© Fotografía: Charles Clegg vía web - CC BY-SA 2.0)

La función principal de **lomo redondeado y reforzado con cajos** es reducir la tensión que se produce entre cubiertas y guardas.

Al sacar los cajos del lomo del libro, se evita la tensión entre las guardas y la cubierta cuando el libro está abierto (© Fotografía: www.affordablebindingequipment.com - CC BY-SA 2.0).

Libro con lomo redondeado y reforzado con cajos (© Fotografía: Jonas Löwgren vía web - CC BY 2.0)

Sabía que...

Sacar cajos es doblar hacia fuera el lomo del libro, al mismo tiempo se presiona el cuerpo con una prensa, obteniendo una especie de sombrerillo de seta.

Después se le aplica un revestimiento al **lomo** con una tira kraft para reforzar las juntas y, si necesita mayor resistencia, se le adhiere una tela de gasa. Una vez hecho esto, se pegan las **cabezadas,** que le dan elegancia al libro.

Recuerde

Se sitúa en la parte superior del lomo. Son franjas decorativas que se colocan como protección u ornamento. Pueden ser de diferentes colores o incluir franjas. También se denominan capiteles.

La última fase consiste en **meter el libro en tapas.** Una vez se ha encolado, se prensa para alisar la superficie y fijar la sujeción. En el caso de llevar **sobrecubiertas,** se colocarán sobre el libro ya acabado.

Libro con sobrecubiertas (© Fotografía: Jeff Muscato vía web - CC BY-SA 3.0)

Definición

Sobrecubierta
Papel resistente, conocido también como "camisa" y que cubre las cubiertas o tapas duras.

Actividades

17. Resuma brevemente las diferencias entre la encuadernación con tapa blanda y la encuadernación cartoné. Investigue el encuadernado artesanal, busque imágenes y explique el proceso.

Actualmente, hay muchas técnicas de encuadernación. Unas más económicas, otras más elegantes y especiales, sobre todo para ediciones limitadas y facsímiles. Entre ellas se encuentra la encuadernación con cosido a la vista, fajado, encuadernación japonesa, en acordeón, encuadernación copta y encuadernación belga, entre otras.

Encuadernación japonesa (© Fotografía: Leena Kultanen vía web - CC BY-SA 3.0)

Encuadernación en acordeón (© Fotografía: Codex vía web - CC BY-SA 3.0)

Encuadernación faja (© Fotografía: Heartoftheworld vía web - CC BY-SA 3.0)

Encuadernación cosido a la vista (© Fotografía: Ratbasket vía web - CC BY 2.5)

Aplicación práctica

Un prestigioso cocinero desea editar su libro con cientos de recetas sobre repostería. Le encarga a usted como diseñador un libro que cuenta con un gran número de páginas. Además, tiene muchas imágenes, fotos de los postres ya acabados muy elegantes y con productos muy llamativos. Su expresión cuando habla de su libro es "al ver las fotos de los postres se te hace la boca agua"; por tanto, hay algunas imágenes en concreto que quiere destacar visualmente. ¿Qué tipo de encuadernación utilizaría? ¿Qué tipo de barniz o barnices? ¿Le añadiría guardas? ¿Y sobrecubiertas?

Continúa en página siguiente >>

<< Viene de página anterior

SOLUCIÓN

Al tratarse de un libro con un gran número de páginas, utilizaría la encuadernación de tapa dura. Además, usaría el lomo redondeado y reforzado con cajos, así tendría mayor resistencia el lomo. Le añadiría guardas, pero sin diseño, de un solo color sólido. Y unas sobrecubiertas con solapa. En cuanto al tipo de barniz, sobre algunas imágenes utilizaría un barniz UV selectivo brillo y sobre aquellas que quisiera destacar especialmente como si tuvieran textura, por aquello de la metáfora del cocinero "como si se te hiciese la boca agua", usaría el barniz UV directo, enfatizado con plastificado o laminado. (Como en el ejemplo).

Propuesta de encuadernación de tapa dura con lomo redondeado, reforzado con cajos (apréciese el sombrerillo de seta en el lomo); tapas duras con sobrecubiertas, portada con barniz UV selectivo directo y plastificado o laminado.

Actividades

18. Busque información sobre estos tipos de encuadernación y explique sus procesos.

4. Análisis gráfico de control estadístico

En procesos de producción finales, como la aplicación de acabados y encuadernación del producto impreso, es decir, fase de posimpresión, es realmente esencial el control de la calidad. Para ello, el análisis de gráfico de control estadístico se configura como herramienta esencial para impresores e imprentas que buscan la perfección e idoneidad en el producto final para el cliente.

Para ello, la toma de datos y su posterior análisis para medir el nivel de control sobre el flujo de trabajo en el producto final ayuda a regular los aspectos básicos del proceso y controlar posibles desviaciones y errores.

Debido a la competitividad de los mercados y a la exigencia de los clientes, el producto final requiere un altísimo grado de calidad. Normalmente, en los gráficos de control, se establece un porcentaje defectuoso del 1 %. Esto evitará reclamos y devoluciones frecuentes.

Nota

Hay que tener en cuenta que este porcentaje podría variar según factores como las especificaciones del proyecto o los estándares de la empresa en sí. En proyectos de alta calidad o personalizados se podría exigir un porcentaje aún menor.

Tanto en fases iniciales como en fases finales, es esencial la inspección del producto. De hecho, se recomienda una inspección continua y exhaustiva desde el principio del proceso para evitar errores posteriores que resulten costosos e incluso imposibles de corregir. Este grado de inspección se acentúa aún más en fases finales de producto. Muchas veces es más costoso reponer el producto, además de la insatisfacción generada en el cliente, por lo que se recomienda revisar los productos antes de su entrega final.

La persona que se encarga de revisar el producto final ha de registrar los defectos encontrados. Toda la documentación generada durante el control de calidad será muy útil y permitirá la creación de un registro del historial de calidad de la empresa, por lo que será más fácil el análisis de resultados. Por ello, sería útil la elaboración continua y periódica de reportes de calidad que reflejen el nivel de calidad del producto terminado y los defectos más comunes en productos y procesos.

				Porcentaje defectuoso		**Defectos por producto**	
Producto	Total producido	Total defectuoso	Total de defectos	Meta	Real	Meta	Real
Revistas							
Facturas							
Volantes							
Cajas							
Tarjetas de presentación							
Etiquetas							
Total							

Formato para el reporte de producto terminado

5. Resumen

Los acabados finales y sistemas de encuadernación como valor añadido, ornamental y funcional, son los tres ejes de este capítulo. Habiendo estudiado los tipos de acabados finales, la importancia de la selección de las técnicas y los materiales y el resultado que confieren al producto final, se observa cómo se ha de planear todo desde la fase de diseño, ya que interviene directamente en la calidad, los presupuestos y la planificación de todo el proceso para obtener el resultado deseado y un producto impreso de calidad y único.

Se han estudiado los tipos de acabados: plegados, barnices, corte, plastificado, relieve, golpe seco, estampación... así como los tipos de encuadernación y sus procesos. La buena elección de ambos confiere un valor al producto que lo hace único y lo dotan de un impacto visual que lo convierten en atractivo para el lector, dependiendo además de su funcionalidad.

Para ello, el capítulo se vertebra en tres conceptos principales:

- Los acabados: se repasan conceptos como el corte de los libros, el plegado como función del producto y los acabados finales que modifican la superficie del papel, como son los barnices, el plastificado, el relieve y la estampación.
- La anatomía de libro, en la que se repasan las partes que componen un libro y la funcionalidad de cada una de ellas.
- Los tipos de encuadernación, tanto tradicionales como otros alternativos.

Todo ello hace que el producto sea de calidad y atractivo tanto para el cliente, que queda satisfecho, como para el consumidor que elige la publicación por su valor añadido y su acabado.

Ejercicios de repaso y autoevaluación

1. ¿En qué consiste la fase de posimpresión? ¿Qué tipo de manipulados se incluyen en dicha fase? Cítelos y explíquelos brevemente.

2. ¿Cuáles son los tres cortes principales de un libro? ¿Qué tipos de máquinas se utilizan según su finalidad?

3. ¿Qué tipos de cortes se utilizan como recurso decorativo? ¿Cuál utilizaría si quisiera hacer una etiqueta original para una prenda de ropa y fuese colgada de la misma?

4. Si tuviese que hacer la carta de un restaurante con una gran variedad de platos, postres y vinos, ¿qué tipo de plegado utilizaría? Recuerda que el cliente quiere incluir fotos de algunos de sus productos.

5. **Tiene que diseñar una tarjeta de presentación para una feria de vinos. ¿Elegiría algún troquelado? ¿Qué tipo de acabado utilizaría si quisiera destacar la marca del vino? ¿Le añadiría algún barniz?**

6. **Imagine que le encargan un tríptico informativo para una escuela de invidentes, ¿qué técnica utilizaría?**

7. **Una empresa de gran prestigio le escribe solicitando sus servicios como diseñador. Le encargan una memoria para celebrar sus 50 años en el mundo de los negocios. Quieren incluir tanto datos de empresa como logros, clientes, trabajos y anécdotas de su empresa. ¿Qué tipo de encuadernación plantearía? ¿Qué tipo de acabado? Razone su respuesta.**

8. **Relacione estos conceptos:**

   a. Perforado
   b. Barniz braille
   c. Encuadernación en rústica o tapa blanda
   d. Relieve o grabado en seco

__ Surgió a finales del siglo XIX, cuando las editoriales empezaron a utilizar esta técnica de encuadernación y la publicación editorial masiva, comercializando ejemplares accesibles económicamente para personas con menor poder adquisitivo.
__ Es un tipo de troquelado que crea una serie de cortes u orificios que permiten rasgar el papel fácilmente. Estas perforaciones se realizan con unas cuchillas, denominadas flejes, dándoles una forma concreta.
__ Es una técnica de acabado por la que un diseño se estampa en un soporte, bien con tinta o lámina o sin ellas.
__ Se realiza con el sistema de lectura braille. Su función principal es diseñar símbolos de seguridad para ciegos, aunque se utiliza como acabado para conseguir efectos especiales o 3D, ya que invita a ser tocado.

9. Complete las siguientes frases:

El ______________________ produce un efecto muy visual. Se realiza mediante__________________________ en direcciones opuestas que se van abriendo. Tiene como ventaja que permite un ___________número de páginas y así se obtiene una publicación de tamaño ________ .

El ________________________________ también ofrece un efecto visual muy interesante. Está compuesto por un conjunto de pliegues paralelos ___________ que se doblan varias veces ________. Este tipo de plegado hace que el ___________ se vaya revelando al lector lentamente, cuerpo a cuerpo.

El _______________________________ es un método en el que se hace cada pliegue en un ángulo de 90° respecto del anterior, es decir, se dobla ___________ y luego ___________, formando un pliego de 4 páginas sin cortar.

El __________________________ es un recurso que se emplea mucho en libros o revistas. Suele utilizarse para imágenes relevantes que se quieran destacar.

Normalmente, posee cuatro cuerpos ___________________________, de manera que los cuerpos derecho e izquierdo se doblan hacia el interior. Para ello, los cuerpos exteriores deben ser ligeramente más _____________ que los exteriores, que sí poseerán las mismas medidas.

El ______________________ consiste en que todos sus dobleces son paralelos. Este proceso se emplea cuando el producto no va a encuadernarse.

10. **Una empresa perfumera le encarga las bolsas con su marca. Las quieren con acabado brillante. ¿Qué tipo de acabado utilizaría? Explique los materiales que se utilizan para conseguir ese acabado.**

11. **Dibuje un esquema señalando las partes que componen un libro y explíquelas brevemente.**

12. **Señale si las siguientes afirmaciones son verdaderas o falsas:**

    a. La encuadernación fresada o americana es una variante de la encuadernación rústica.

       - ☐ Verdadero
       - ☐ Falso

    b. El efecto escalonado que se produce en los libros durante la encuadernación confiere un valor añadido al producto.

       - ☐ Verdadero
       - ☐ Falso

    c. El letterpress consiste en aplicar un barniz perlescente a la cubierta de un libro de edición especial.

       - ☐ Verdadero
       - ☐ Falso

d. En el proceso de grapado lateral o costura francesa, las grapas se colocan a un mínimo de 6 mm del lomo.

- ☐ Verdadero
- ☐ Falso

e. La función principal de lomo redondeado y reforzado con cajos es reducir la tensión que se produce entre cubiertas y guardas.

- ☐ Verdadero
- ☐ Falso

13. Sopa de letras. Busque las diferentes partes que componen un libro:

N	E	T	E	J	U	E	L	O
E	E	O	T	O	J	W	J	P
R	O	J	R	J	W	A	W	U
V	O	L	O	R	C	Q	L	N
I	L	O	C	L	O	W	E	C
O	U	L	U	R	Z	N	R	U
S	A	D	R	A	U	G	E	B
K	J	U	Q	W	W	N	P	I
H	E	O	L	N	W	Q	P	E
Y	C	O	L	O	M	O	A	R
O	W	N	W	N	A	G	P	T
R	C	A	B	E	Z	A	D	A

14. ¿Qué fenómeno propició la encuadernación rústica o de tapa blanda?

____
____
____
____

15. Identifique los siguientes tipos de encuadernación.

a. ______________________________

b. ______________________________

c. ____

Capítulo 3

Seguimiento de la calidad en la impresión. Encuadernación y acabados

Contenido

1. Introducción

Finalizadas las fases de preimpresión, impresión y posimpresión, llega una última fase, no menos importante y realmente valiosa. La calidad se ha instaurado como valor añadido en productos y servicios en un mercado voraz de gran competitividad, innovación y clientes sedientos de un buen servicio en relación a la calidad-precio.

Este proceso es largo y debe formar parte de la empresa y sus trabajadores para llevarlo a cabo y conseguir destacar con respecto a otras empresas de la industria gráfica.

Para conseguir un producto de alta calidad debe implementarse un plan de calidad, en el que tienen que tomarse datos y documentar así errores, desviaciones de procesos, muestreos, histórico de pruebas, etc. Ello proporcionará una mejora continua y la posibilidad de destacar los productos y servicios con respecto a la competencia.

2. La calidad, normas ISO y objetivos

¿Qué es la calidad? Existen numerosas y variadas definiciones. Según la norma ISO 9000, *calidad es el grado en el que un conjunto de características inherentes cumple con los requisitos.* La calidad se aplica a todas las empresas, sean del sector que sean. En la industria gráfica la gestión de la calidad, consiste en la mejora de la calidad de los productos y los servicios.

La calidad está regulada por la Norma ISO 9000. Esta norma, implantada en Europa por la *International Standarization Organization,* consiste en un conjunto de reglas sobre el desarrollo del sistema de aseguramiento de la calidad. Se aplican en cualquier organización sea cual sea su tamaño y sector.

El certificado por Norma ISO no implica que un producto posea una calidad superior a otro, sino que los productos o servicios ofrecidos están controlados, reglados y sujetos a modificaciones controladas.

Existen tres normas básicas de aseguramiento de la calidad, dependiendo de lo que la empresa quiera ofrecer:

- **Norma ISO 9000:** proporciona los conceptos de gestión de calidad y establece el vocabulario de la sección.
- **Norma ISO 9001:** proporciona las directrices para la gestión de la calidad.
- **Norma ISO 9004:** verifica y orienta el desempeño de la gestión de calidad.

¿Por qué es necesaria la calidad en la empresa? Una empresa centra sus objetivos en obtener beneficios económicos y para ello, debe organizar sus recursos materiales, humanos y financieros, ofreciendo sus mejores productos a sus clientes. Pero en el mercado existe una competencia que puede ofrecer productos similares, por lo que la empresa debe mejorar la competencia y así atraer a los clientes.

Esto se consigue con tres parámetros básicos:

1. **Innovación:** consiste en la creación de nuevos productos o añadir características nuevas a productos ya existentes. Lo que permite diferenciarse de la competencia, ofreciendo productos distintos a los que se encuentran en el mercado.
2. **Precio:** conseguir una reducción de precio ofreciendo un buen producto o servicio atrae al cliente, sin duda, aunque este parámetro se ve muchas veces limitado por los elevados costes de la empresa.
3. **Calidad:** debería ser el pilar básico de las empresas. Es la capacidad de satisfacer las necesidades de los clientes al menor coste posible. Al existir un gran número de productos, las posibilidades del cliente aumentan.

En la industria gráfica, la gestión de la calidad se basa en la mejora tanto de productos como de servicios. La satisfacción del cliente es el elemento primordial y se consigue ofreciendo una buena calidad.

Importante

La satisfacción depende de la calidad del servicio y de las expectativas del cliente, si se cubren o se sobrepasan es un cliente satisfecho.

Existen tres pilares fundamentales en lo que a calidad se refiere:

1. **Inspección de la calidad:** aquí el protagonista es el producto final. Los inspectores comparan los productos con los estándares del proyecto; si observan una baja calidad o que no llega a lo estipulado, los apartan del mercado. En la industria gráfica se analizan las impresiones, los manipulados (papel, cartón) y los acabados finales (edición y reproducción).
2. **Control de calidad:** se conoce como control de calidad a las técnicas, procesos y aplicaciones de la tecnología para la consecución de un proyecto. El control de la calidad se centra en el proceso de producción del producto y servicio. Para garantizar y controlar la calidad en los productos se hace uso de una serie de herramientas como dispositivos de medición, estadísticas y gráficos de control. Con ello, se detectan defectos tanto en el proceso de fabricación, como en las fases de preimpresión e impresión. La calidad es un rasgo definitorio e importante dentro de una empresa. Solo tiene efecto cuando una empresa toma conciencia de dicha importancia y aprende a gestionarla, integrándola dentro del propio proceso productivo.
3. **Aseguramiento de la calidad:** consiste en el correcto cumplimiento de las Normas ISO 9000. Estas normas se centran en la prevención de defectos. Así, tanto los procesos como los productos satisfacen las expectativas y se evitan pérdidas incalculables para la empresa.

Como objetivos de las normas ISO 9000 se encuentran las siguientes:

- Mejora del servicio y por ende, la satisfacción del cliente
- Mejora de la productividad
- Mayor eficacia

- Mejora del mercado
- Mayor competitividad
- Reducción de costes y aumento de beneficios
- Seguridad de continuidad de la empresa en el futuro
- Mejora de la calidad de vida de los trabajadores

Actividades

1. ¿Qué son las normas ISO? ¿Qué organismo las dicta?
2. ¿Cuáles son las tres normas ISO básicas de aseguramiento de la calidad? Haga un breve resumen.

3. Tipos de muestreo

Los tipos de muestreo están íntimamente relacionados con los tipos de inspección a los que se somete un producto impreso. Dependiendo de la fase en la que se realicen los tipos de inspección, hay una serie de parámetros que las definen:

1. **Inspección en la recepción:** en esta fase se controlan los materiales recepcionados y necesarios para llevar a cabo el trabajo. También se controla la maquinaria empleada y una serie de productos auxiliares.
2. **Inspección en el proceso:** cada proceso se divide en una serie de subprocesos; y cada uno de ellos debe ser inspeccionado. Desde la primera fase de producción en la que se controlan imágenes y errores ortotipográficos hasta la realización de pruebas de preimpresión; y desde el correcto tratamiento de las tintas, la elección del papel, etc. hasta las fases finales de acabados y encuadernado.
3. **Inspección de salida:** acabado el producto, se lleva un examen exhaustivo mediante los muestreos necesarios para garantizar que el producto se ha elaborado bajo los estándares de calidad y especificaciones requeridas, obteniendo un resultado satisfactorio.

Este tipo de inspecciones suelen realizarse bajo un grado de intensidad que está íntimamente relacionado con el grado de exigencia de un trabajo. Así, aparecerá desde "ninguna intensidad de inspección", que no es lo usual, —ya que todos los trabajos requieren de algún tipo de inspección—, hasta "100 % objetiva", que es aquella en la que se controla minuciosamente y al detalle sin permitir ninguna opinión subjetiva, el producto impreso, realizándose mediante originales.

Nota

La "100 % objetiva" se realiza en circunstancias determinadas, como por ejemplo, la realización de un facsímil.

También hay rangos intermedios como pueden ser "visual subjetiva", en la que es el operario el que realiza la inspección; "medida-objetiva", en la que se utilizan instrumentos de medida y con un rango de tolerancia amplio; o "exigente-objetiva", en la que también se emplean instrumentos de medida basados en estándares prestablecidos y con un nivel de exigencia muy alto.

Actividades

3. Resuma las tres fases de inspección que se realizan y destaque las actividades que se llevan a cabo en cada una de ellas.

3.1. Tipos de muestreo en impresión

Para la impresión hay que tener en cuenta una serie de parámetros (algunos ejemplos):

1. Con respecto a las imágenes:

- Variaciones de color.
- Falta de secado tras la impresión.
- Imperfecciones en la impresión de imágenes, como la aparición de motas.
- Colocación correcta de las imágenes.
- Registro defectuoso.
- Doblado y/o deslizamiento de la imagen.
- Ganancia de punto.

2. Con respecto a las tintas:

- Conocer la relación soporte-tinta.
- Rechazo en tintas superpuestas (sobreimpresión).
- Temperatura ambiental y de la tinta.
- Color de la tinta.
- Espesor de la tinta.
- Secado de la tinta.

3. Con respecto al papel:

- Arrancado del papel (resistencia).
- PH del papel.
- Blancura del papel.
- Humedad del papel.
- Gramaje y volumen específico del papel.
- Tamaño del papel.
- Opacidad-transparencia del papel.
- Porosidad del papel (afecta directamente en el comportamiento de las tintas).
- Rugosidad y lisura del papel (afecta a las tintas, acabados y encuadernación).

4. Con respecto a las máquinas:

- Impresión de imágenes de tirajes anteriores (falta de limpieza en los rodillos de las máquinas).
- Velocidad de las máquinas.
- Dureza de los rodillos.
- Selección del tipo de máquina adecuada para llevar a cabo el trabajo impreso.
- Correcto mantenimiento de las máquinas.

Actividades

4. ¿Qué aspectos habría que tener en cuenta en los muestreos relacionados con el papel?

3.2. Tipos de muestreo en posimpresión (acabados y encuadernación)

Para la posimpresión hay que considerar una serie de parámetros (algunos ejemplos):

1. Con respecto a los acabados:

- Planicidad en el papel para evitar posibles arrugas en el plegado.
- Planicidad del papel para la aplicación de barnices, plastificados, estampación.
- Gramaje del papel para una correcta realización de técnicas como el golpe seco o el plastificado.
- No utilizar tintas retardantes de secado para la aplicación de plastificado o barnizado.
- Comprobar la resistencia del papel ante la aplicación de diferentes técnicas de acabado.
- Comprobar la correcta aplicación de barnices en la zona especificada.

2. Con respecto a la encuadernación:

- Diferencias en las dimensiones de las hojas.
- Hojas abarquilladas.
- Efecto escalonado en los cuadernillos centrales en la encuadernación en caballete.
- Pilas con hojas mal igualadas.
- Dirección de la fibra del papel errónea.
- Secado inadecuado de las tintas (hay que comprobar que las hojas no queden apelmazadas).
- Elección del tipo de encuadernación correcta con respecto a los materiales empleados.
- Comprobar que el papel no esté demasiado seco (puede agrietarse o incluso romperse en el proceso de encuadernado).
- Cubiertas que queden fuera de registro.
- Exceso de cola en el encolado (afectaría al lomo y a las cubiertas).
- Gramaje correcto de las cubiertas.

Estos son algunos ejemplos de los parámetros a tener en cuenta durante los muestreos a los que se someten los productos impresos para ofrecer un trabajo de calidad y con un nivel de exigencia que se corresponda con el pactado con el cliente.

No obstante, cada proyecto requiere tratamientos y comprobaciones específicas que están íntimamente relacionadas con el presupuesto, la calidad que se quiera ofrecer y el nivel de exigencia por parte del cliente.

Importante

La calidad es un valor añadido al producto que repercute en la economía y en la reputación de la empresa.

Aplicación práctica

Usted posee una imprenta mediana que goza de una amplia clientela fija. Uno de sus mejores clientes por primera vez le devuelve un lote de libros cuyos resultados no son los deseados. Los errores que se encuentra son: algunas imágenes mal colocadas, el tamaño del papel no es el correcto, algunas tintas no han secado bien, acentuando el efecto repinte y las pilas de hojas están mal igualadas. ¿Cree que se han realizado bien los muestreos? ¿En qué fases ha fallado el control de calidad? ¿Es costosa para su imprenta la devolución del pedido? ¿Cree que afecta a la imagen de la imprenta de cara a sus clientes?

SOLUCIÓN

Evidentemente, los muestreos no se han realizado correctamente y el producto no ha pasado la fase de control de calidad de producto final. Prácticamente, se ha fallado desde las primeras fases, ya que hay imágenes mal colocadas y eso debería haberse corregido desde las pruebas de impresión realizadas en pantalla, incluso mediante una prueba en una impresora electroestática, por tanto, se ha fallado en la inspección del proceso, ya que tampoco se ha controlado el tema del papel, por no aplicar el tamaño seleccionado ni las tintas correctas, ya que no han secado bien y se ha producido repinte en otras hojas.

Por otro lado, la primera fase de inspección de recepción tampoco se ha llevado a cabo de forma correcta, ya que las pilas de papel están mal igualadas, por tanto, los lotes de papel deberían haberse devuelto al fabricante de papel. Y finalmente, la inspección de salida: no se ha realizado correctamente dado que el producto final cuenta con muchísimos fallos.

Todo ello implica una devolución del lote de producto, lo que va a resultar costoso, ya que habrá que volver a repetirlo, aparte del descontento de uno de nuestros mejores clientes y la desacreditación de la imagen de la empresa de cara al mercado y a la competencia. En suma, el coste de estos errores es incalculable para nuestra imprenta.

La solución sería anotar los errores, llevar un registro exhaustivo y evitar que vuelvan a repetirse. Por supuesto, la implementación de un plan de calidad es primordial.

Actividades

5. Después de leer los parámetros relacionados con los muestreos en acabados y encuadernación y con los conocimientos adquiridos, añada otros muestreos más que se podrían realizar en dichas fases de posimpresión.

4. Índice de desviaciones

Entregar un trabajo impreso y de calidad no es tarea fácil. A menudo llegan proyectos impresos con una calidad deficiente, producto de fallos o errores que se pueden detectar con facilidad.

Hoy día, la industria gráfica ha evolucionado mucho y por suerte, las máquinas detectan fallos que antes pasaban desapercibidos al ojo humano, que era quien corregía e inspeccionaba errores. Por ello, algunos fallos ahora son fácilmente detectables.

Los errores pueden darse en cualquiera de las fases en las que se produce un proyecto. Pueden producirse por parte del impresor, o por la maquinaria —que no esté debidamente calibrada—, o por la premura con la que se realiza un trabajo o errores previos en la fase de preimpresión.

Recuerde

La corrección de errores en la fase de preimpresión es muy importante, ya que puede ocasionar fallos en fases posteriores echando a perder un trabajo completo y además, elevando el coste de un producto.

Si se llevase un control exhaustivo de las primeras fases, muchos de estos errores se evitarían, de modo que el producto final reuniría las condiciones óptimas de calidad esperadas.

A continuación, se destacan algunos de los errores o índices de desviación más comunes:

1. **Arrastre de rodillo:** este error es común en las máquinas rotativas y se debe a la suciedad acumulada en los rodillos, los cuales plasman unas manchas continuas en los pliegos impresos.

Arrastre de rodillo

2. **Transparencia:** íntimamente relacionado con el papel y la tinta. Puede originarse bien por un exceso de tinta que sobrepase el papel, bien por tener el papel poco gramaje y que no absorba la tinta como es debido.

Transparencia

3. **Emulsión:** estas marcas o manchas son debidas a un tiempo excesivo o deficiente de exposición.

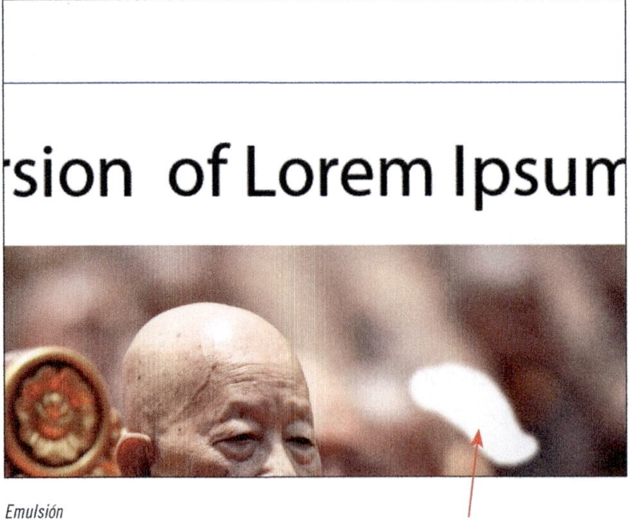

Emulsión

4. **Velo:** estas marcas se producen en impresión *offset* y son debidas a un exceso de agua en las tintas de impresión.

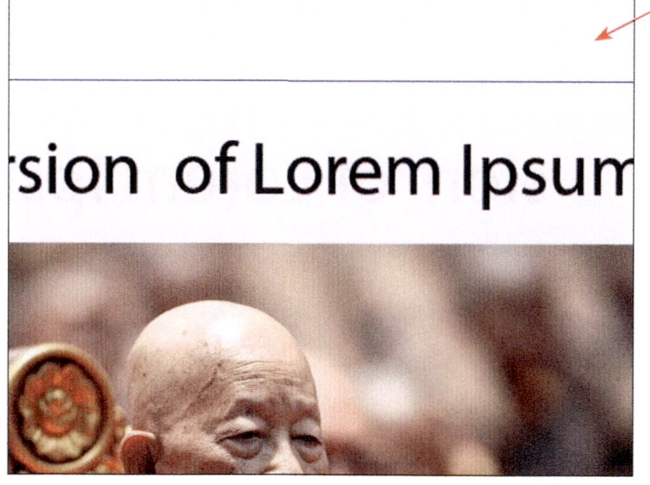

Velo

5. **Puntos:** marcas redondeadas en el impreso debido a la suciedad de la plancha.

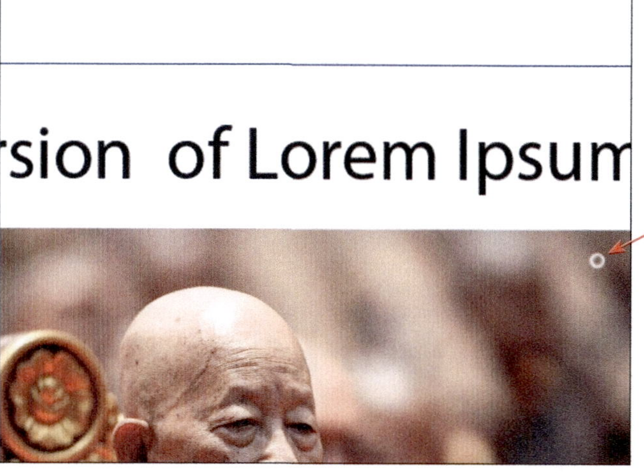

Punto

6. **Repintado:** este efecto se produce por un exceso de tinta o por falta de tiempo en la fase de secado, traspasándose la tinta a la hoja de papel siguiente.

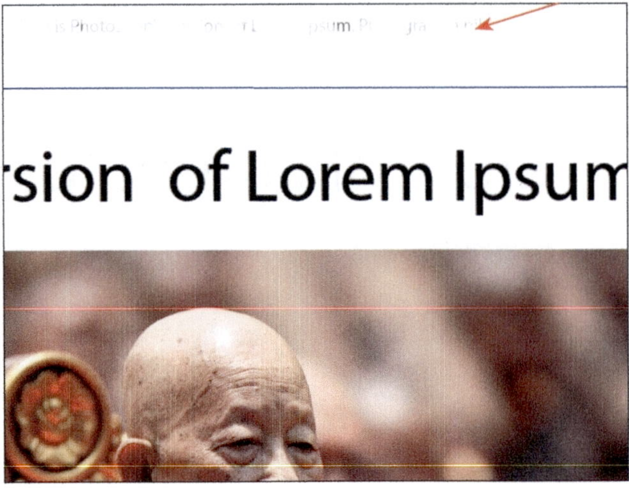

Repintado

7. **Mal registro:** este error es muy fácil de reconocer, ya que los colores no están en el sitio que debieran y crean como un desdoblamiento o sombra del color. Para evitarlo, debe asegurarse que las cruces de registro estén bien centradas.
   También es denominado fallo de registro. Como herramienta de control se utilizan las marcas de registro, que deben estar bien colocadas y centradas.

Mal registro

8. **Arrugas:** un exceso de humedad en las tintas o no tensar bien el pliego de papel antes de entrar en la máquina ocasionan arrugas en el papel y, por supuesto, un mal producto.

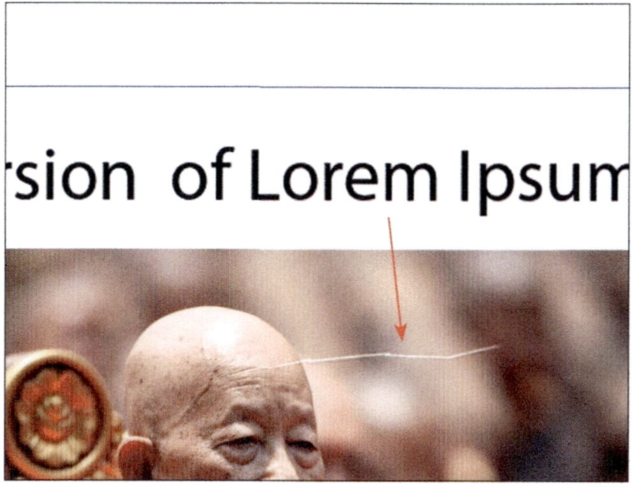

Arrugas

9. **Falta de tinta:** deficiente presión de los rodillos que no absorben correctamente las tintas. Muchas veces esto se debe a un mal mantenimiento de la máquina.

Falta de tinta

10. **Doble impresión:** se trata de una repetición de la impresión en la misma hoja producida por una doble pasada del rodillo entintado.

Doble impresión

11. **Mal guillotinado:** este error se produce en las pilas de papel. En las cortadoras o guillotinas se realiza una mala colocación del papel y, por tanto, el corte no es el deseado. Así, el papel quedará con diferentes dimensiones.
12. **Manchas y/o polvo:** este error se produce por la suciedad que se acumula en la plancha o película (polvo, huellas dactilares, restos de tinta, etc.) que se traspasa al impreso.

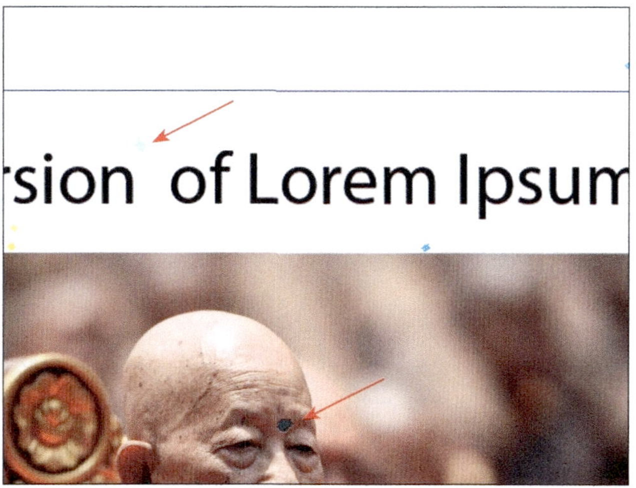

Manchas acumuladas por suciedad

13. **Exceso de tinta:** este error, bastante común, se debe a un exceso de tinta y la impresión se hace mediante presión.

Exceso de tinta

14. **Mala entrada del pliego de papel a máquina:** si el pliego de papel no entra correctamente en la máquina, quedarán partes del impreso sin entintar.

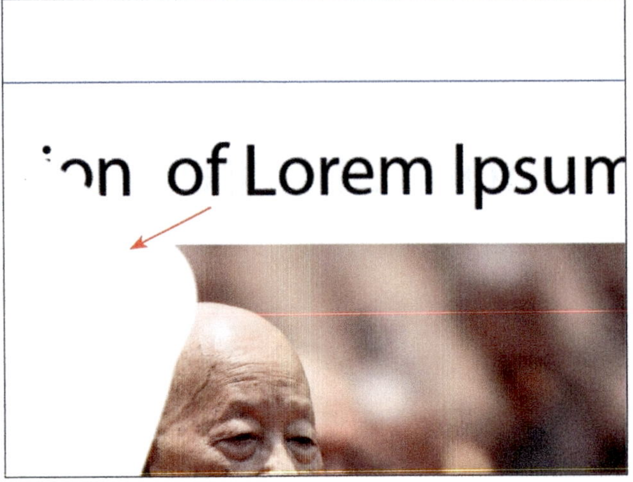

Mala entrada del pliego

15. **Arrancado:** otro error muy común. Aparecen zonas sin entintar como consecuencia de que el papel no aguanta la fricción del rodillo, por lo que no coge la tinta.

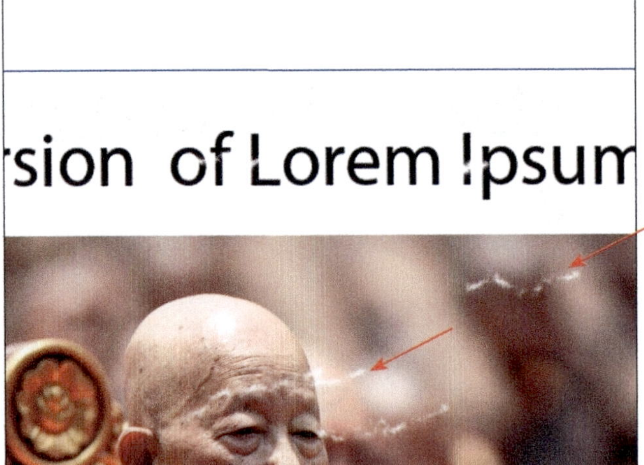

Arrancado

Actividades

6. ¿Qué son los índices de desviación? ¿Son fáciles de reconocer? ¿Cree que podrían estropear un lote de trabajo? Razone su respuesta.

Aplicación práctica

Un cliente le devuelve un lote de su producto por encontrarse los siguientes errores de impresión. ¿Los reconoce?, ¿sabría decir de cuáles se tratan? ¿A qué son debidos? ¿Cree que afecta a la calidad de su empresa? ¿Se han llevado a cabo de forma correcta la inspección de salida?

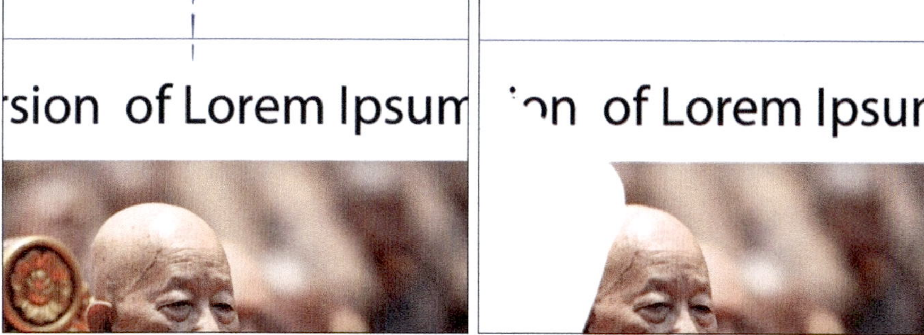

Continúa en página siguiente >>

<< Viene de página anterior

SOLUCIÓN

Estas imágenes representan errores de impresión o índices de desviación y son fácilmente reconocibles. El primero es "arrastre de rodillo". Son marcas muy comunes, debidas a la suciedad que se acumula en los rodillos de las máquinas y, por tanto, se producen unas marcas de arrastre por todo el producto impreso de forma continua.

La segunda se produce por mala entrada del pliego de papel a máquina: si el pliego de papel no entra correctamente en la máquina, quedarán partes del impreso sin entintar. Por lo que habrá zonas con falta de tinta y, por tanto, no se verá ni texto ni imágenes.

Y la tercera se trata de otro error muy común y fácilmente reconocible, el arrancado. Esto se debe a que el papel no aguanta la fricción del rodillo y, por tanto, no coge la tinta, por lo que habrá zonas sin entintar.

Evidentemente, los controles de calidad no se han realizado correctamente y la inspección de salida de producto final, tampoco. De haberse realizado correctamente, el producto no hubiese llegado al cliente de esta forma, ya que se habrían detectado los errores que afectan a la calidad de la empresa, ya que el lote será devuelto por el cliente, encareciendo el coste. Si, además, por estos errores no se entregan en la fecha acordada porque se vaya muy justo de tiempo, es probable que hasta lo devuelvan, con lo que se habrá perdido dinero y credibilidad, además de afectar a la imagen de la empresa.

---

5. Histórico

El **histórico** consiste en la reunión de todas las pruebas realizadas al producto impreso a lo largo de las fases de producción por las que pasa.

La realización de estas pruebas resulta fundamental para evitar errores que puedan afectar a fases posteriores y que retrasen el proyecto o lleven a tener que repetirlo por completo, encareciendo el presupuesto final.

La necesidad de estas pruebas radica en la inversión de tiempo y dinero con respecto a la calidad del producto. Además, es muy útil para el cliente observar cómo va a quedar el producto y así poder introducir modificaciones si fueran necesarias.

De este modo, un visionado reuniendo todas las pruebas realizadas al producto impreso desde las primeras fases hasta las últimas proporcionará seguridad en el control de la calidad.

Por consiguiente, desde las primeras fases deberán observarse las pruebas en pantalla realizadas en monitores calibrados, las cuales permitirán la comprobación de la correcta colocación de cajas de texto, párrafos, correcciones ortotipográficas, formato del documento a imprimir, sangres, la colocación adecuada de las imágenes y la calidad de estas, así como los modos de color (CMYK) y su resolución en alta calidad (300 ppp).

También las pruebas en impresora láser o electroestática ayudarán en cuestiones relativas a textos, colocación de imágenes (aunque debe tenerse en cuenta que las tintas son diferentes a las utilizadas en las máquinas y, por ese motivo, la reproducción del color puede variar), sangres, etc.

Si el trabajo lo requiere, por tratarse de un proyecto de gran envergadura, pueden realizarse las pruebas de color en una impresora de inyección de tinta con perfiles ICC ajustados.

Otra prueba que permite asegurar la calidad del trabajo en lo que se refiere al correcto posicionamiento de las páginas antes de imprimirlas en las máquinas, es la **imposición.**

Para el tema de color, se utilizarán las tiras de control, en las que mediante un densitómetro y un cuentahílos puede verificarse el trabajo final muy a fondo. Todo ello debe ser exhaustivamente comprobado en una cabina de visión que emule la luz natural, así no surgirán sorpresas en la reproducción del color y las imágenes.

También debe comprobarse que se hayan usado las tintas adecuadas al tipo de papel escogido y que sean compatibles con acabados o especificaciones concretas de efectos como barnices, plastificados...

En cuanto a la encuadernación, se observará la calidad del papel y su resistencia, si se ha escogido correctamente el tipo de papel, así como su volumen y gramaje para que a la hora de encuadernarlo, el papel soporte el manipulado y ofrezca un acabado perfecto.

Toda esta reunión de pruebas se pacta con el cliente y es una forma de asegurar la calidad del trabajo impreso, proporcionando un producto que reúna las características idóneas, una vez acabados los procesos. Esto repercutirá directamente en el servicio de calidad de la empresa y, por ende, en la contratación por parte de nuevos clientes.

Recuerde

La necesidad de estas pruebas radica en la inversión de tiempo y dinero con respecto a la calidad del producto.

Actividades

7. El histórico consiste en la reunión de todas las pruebas llevadas a cabo sobre un trabajo impreso pactadas con el cliente. Busque en temas anteriores fotos de algunas de ellas y clasifíquelas en un esquema.

6. Informes

Los **informes** son una herramienta muy útil para establecer parámetros por los que debe regirse la producción de un trabajo impreso. Además, propician una comunicación fluida entre las diferentes fases y departamentos por los que pasa un proyecto. Estos informes tienen un enfoque claramente dedicado a la mejora de la calidad en la empresa y persiguen la perfección del trabajo y la buena planificación para entregar productos de calidad, presupuestos ajustados a la necesidad del cliente y que estén dentro de los plazos de entrega establecidos.

Con ello se persigue que una empresa camine hacia una mejora de la calidad y productividad. Hay que tener en cuenta que todas las acciones llevadas a cabo contribuyen al resultado final del producto, el cual debe estar acorde con lo pactado con el cliente.

Es muy importante determinar las funciones de cada departamento y las del cliente. Por lo que una atmósfera de cordialidad y buena comunicación es esencial. En los informes debe establecerse una comunicación fluida acerca de las características y especificaciones de un trabajo, ya que deben entenderlos todos los que intervienen en la realización del proyecto. Así, se evitarán malentendidos y el flujo de trabajo será el correcto.

Resulta de gran relevancia llevar un control exhaustivo de los errores y así evitar que sucedan en otros proyectos, por lo que realizar un histórico de errores a lo largo de la andadura de la empresa, evitará fallos en trabajos posteriores. Esto permite una optimización continua del proceso y un nivel de tolerancia cada vez menor en las variaciones de la calidad permitida, por tanto, se conseguirá una mejora creciente en los rendimientos económicos de la empresa.

Una empresa que consiga un progreso continuo en materia de calidad, reduciendo ineficacias y tiempos muertos y priorizando el control de calidad por encima de otros valores, camina hacia un servicio idóneo para el cliente y a una satisfacción propia.

Actividades

8. Los informes son una herramienta muy útil para una comunicación fluida con el cliente y los diferentes departamentos que forman una empresa. Haga un informe tipo para su imprenta y señale las partes más importantes.

7. Consecuencias de la NO CALIDAD

En la actualidad, tiempos en los que hay cada vez una mayor competitividad entre empresas, y fidelizar clientes mediante estrategias cada vez mejor definidas se convierte en el principal objetivo de la mayoría de ellas, la gestión de la calidad sigue siendo para muchas pymes y organizaciones un método costoso que no genera beneficios inmediatos.

Esto es un arma de doble filo, ya que las empresas desconocen las preferencias del cliente con respecto a su servicio, lo que crea una desviación entre lo que se ofrece (por parte de la empresa), y lo que realmente se necesita (por parte del cliente y los mercados), de lo cual se desprenden efectos negativos que recaen directamente en la empresa y su perdurabilidad.

Sin embargo, las empresas no observan a menudo que la calidad no solo se traduce en dinero material e instantáneo, sino que genera una serie de valores que con el tiempo sí se convertirán en ganancias.

Así, el rendimiento del personal por una mala planificación del trabajo; la pérdida de la imagen o reputación de la empresa; la disminución de confianza por parte del cliente o el incumplimiento de requisitos o cláusulas contractuales, pueden hacer que una empresa se tambalee e incluso generarle pérdidas inasumibles que pueden terminar en la extinción de la misma.

Las consecuencias de la NO calidad en una empresa pueden ocasionar el declive de la misma y comprometer seriamente su futuro.

Es entonces cuando el control de la calidad se convierte en pilar fundamental de una organización y, por tanto, debe ser cuidada hasta el milímetro si se quiere gozar de una buena imagen de cara a los clientes y ofrecer productos que, con el tiempo, tendrán un valor añadido que otras empresas no puedan ofrecer.

Actividades

9. Busque por Internet una empresa gráfica que ofrezca un buen servicio de calidad. Razónelo y explique a sus compañeros cuáles son los puntos fuertes de dicha empresa y cómo consigue fidelizar clientes.

8. Propuestas de mejora

¿Qué es lo que se busca a través de un sistema de calidad? Hay una serie de parámetros que, tras la observación y la experiencia, ayudan a ofrecer un buen sistema de calidad que puede y debe ir mejorando con el tiempo hasta obtener resultados en los que no haya cabida para errores.

Para ello, pueden señalarse cuatro fases importantes:

1. **Prevención:** el control desde las primeras fases de producción en un proyecto es esencial para poder evitar errores y costes futuros. Para ello, la prevención de errores y evitar que se produzcan patrones no conformes con el proceso en las diferentes fases, resulta esencial para la obtención del producto.
2. **Detección:** la detección es otro parámetro importante en la consecución del producto. Por ello, detectar errores en el momento más próximo posible puede evitar costes innecesarios.
3. **Corrección y Mejora:** se deben implantar procesos de mejora continuamente para corregir las causas de los errores y así mejorar los procesos y, por ende, los productos.
4. **Demostración:** es muy importante documentar todas las acciones llevadas a cabo para la mejora del producto y de esta manera demostrar que se han cumplido los requisitos de calidad establecidos.

Se trata, por tanto, de una intención de mejora continua en la empresa y de poder ofrecer productos de calidad y así fidelizar clientes satisfechos. Esta mejora de la calidad va a consistir en reducir los defectos en productos o procesos y servicios.

Para llevar a cabo un proyecto de mejora se establece un programa en el que se establecen los defectos y errores y sus posibles soluciones.

Importante

Con ese objetivo, debe contarse con una serie de recursos materiales, humanos y de formación y unos plazos estipulados de trabajo.

La mejora de la calidad es lenta y se consigue paso a paso, siguiendo un proceso estructurado en el que se verifica la misión de la empresa, se diagnostica la causa raíz del problema (errores), se solucionan y se mantienen los resultados.

Si se cumple este programa y hay intención de mejorar continuamente el servicio y el producto que se ofrece, la empresa camina hacia unos parámetros de calidad que le proporcionarán beneficios a la larga, se asegurará su permanencia en el futuro y contará con trabajadores y clientes satisfechos.

Actividades

10. En el último año, una empresa impresora ha tenido que despedir a la mitad de la plantilla y al resto, aumentarle las horas de trabajo. El problema es que muchos trabajos son entregados fuera de fecha y algunos de ellos son devueltos por errores que no se han controlado debidamente. El resultado es que peligra el futuro de esa empresa, ya que cada vez entran menos órdenes de trabajo debido al mal servicio. Actualmente, no pueden contratar a nadie más. ¿Cree que están llevando a cabo el plan de calidad de forma correcta? ¿Qué propuestas de mejora plantearía? Razone sus respuestas.

9. Coste-inversión de la calidad

Tanto cliente como imprenta buscan un resultado óptimo, ello requiere que el trabajo sea entregado en el plazo acordado, a un precio justo y con un buen nivel de calidad. De no ser así, alguna de las partes queda insatisfecha. El "contrato" entre impresor y cliente debe recoger el presupuesto, la calidad de los materiales acordada, el servicio prestado y el tiempo de entrega, así como las especificaciones concretas del proyecto.

Los trabajos se hacen a medida con cada cliente, lo cual no significa que no existan problemas específicos en el proyecto. Por tanto, lo más importante es una correcta planificación entre cliente e imprenta, llegando así a una buena calidad de trabajo.

Los pilares sobre los que se sustenta una empresa son (o debieran ser): un equilibrio entre el precio, la calidad y el servicio. ¿Cómo se consigue esto? Resulta fundamental la elección de proveedores, tanto de materiales como de maquinaria o servicios externos que se contraten.

- **Precio.** Hay que buscar una óptima relación calidad/precio. No tiene sentido ahorrarse un poco de dinero si como consecuencia se obtiene un trabajo de mala calidad o entregado fuera de plazo, o si el servicio deja que desear.
- **Calidad.** La calidad debe ajustarse a la finalidad del proyecto. Un trabajo entregado con una gran calidad asegura recomendaciones por parte de clientes a otros posibles usuarios de los servicios. Por tanto, habrá que disponer de herramientas de control de la calidad, así como realizar muestreos e inspecciones de los lotes de productos impresos.
- **Servicio.** Cuando se quiera ofrecer un buen servicio a los clientes, habrá que ser puntuales en la fecha de entrega de los trabajos. Para ello son necesarios una buena planificación del trabajo y una comunicación fluida con el cliente.

Por último, siempre hay que ser meticuloso con los detalles y las especificaciones del cliente con respecto al proyecto. Y, si es necesario, resolverle dudas, todo con un buen trato.

Actividades

11. Explique brevemente cómo realizaría un "contrato de servicio" entre su empresa y un cliente. ¿En qué pilares basaría el contrato para ofrecer un buen servicio?

9.1. Especificaciones de impresión

Es muy importante reflejar un resumen de las especificaciones del cliente con respecto a las características del proyecto impreso.

En general, deben especificar las características de la impresión y el acabado, ya que influye en el presupuesto final.

Originales

Antes de comenzar, cliente e impresor deben "pactar" lo que el cliente entregará al impresor. Debe entregarle los originales, en PDF o preferentemente en PDF/X preparados para imprimir. También debe hacer entrega de imágenes en alta resolución y las tipografías empleadas.

A veces, el cliente, dependiendo de las características de un trabajo y la repercusión de este, solicita pruebas de impresión realizadas en las máquinas contratadas y con el papel seleccionado. Este tipo de pruebas de impresión encarecen el presupuesto, pero se suelen hacer para trabajos de repercusión nacional o internacional o para libros.

Tamaño de la página

Esta es la especificación más importante, ya que, dependiendo del tamaño del papel, se usará un tipo de máquina u otra y también determinará el encuadernado. Para que la impresión resulte económica debe hacerse en tamaños predeterminados, fuera de eso encarece considerablemente el producto.

Recuerde

La planificación del trabajo debe hacerse desde las primeras fases, ya que influyen directamente en los acabados y fase de posimpresión.

Extensión

Esto dependerá de las cajas de texto y las imágenes, pero lo más económico sería que el número de páginas fuese divisible por 4, 8, 12, 16, 24 o 32 páginas. De no ser así, es posible que hubiere que sacar nuevas planchas, lo cual encarecería el producto.

Impresión

Aquí entran en juego las tintas. Hay que especificar cuántas tintas van a utilizarse, tanto en el interior como en portada y contraportada. Así hay 4+4 (cuatro colores en las dos caras), 2+2 (dos colores en ambas caras) o 1+1 (un color en cada cara, normalmente el negro). Existen numerosas combinaciones. Hay que encontrar la fórmula más económica.

Papel

Otra especificación importante es el tipo de papel que desee el cliente (estucado brillante, papel cartucho...), el gramaje/peso, etc.

Muchas veces el papel o cartón es de una marca concreta, entonces el impresor debe utilizar la marca especificada por el cliente, sin embargo, hay veces que con solo describir el tipo de papel es suficiente, ya que el impresor puede contar con papel almacenado o con precios pactados con fabricantes más asequibles. En este caso, dentro del presupuesto debe incluirse una prueba de impresión y ver las características del papel impreso.

Cantidad

La cantidad final es muy importante pactarla y dejarla "cerrada", ya que el impresor suele tener una "tarifa de tirada tradicional" y si el cliente requiere un número extra de copias puede encarecer enormemente el presupuesto, dependiendo de si se utiliza *offset* de alimentación por hojas, o papel de bobina para tiradas mucho más grandes.

Extras

Los extras suelen elevar el coste y también deben pactarse antes de comenzar el trabajo. Todo lo relacionado con acabados finales: barnices, plastificados, etc., afecta a los tipos de tinta y de papel utilizados, por lo que pueden variar el presupuesto notablemente.

Especificaciones para libros

Este apartado es más complejo, ya que las especificaciones aumentan en tanto a portada y contraportada, tipo de encuadernación, sobrecubiertas, guardas, tipo de papel, número de tintas...

A la hora de elegir los elementos que van a configurar el libro son muchos los factores a tener en cuenta, bien para que sea fácil el proceso y no interfiera en resultados finales, bien para que no incremente el precio sobremanera.

También es necesario incluir especificaciones sobre extras. Si después no se eligen, el precio final bajará, pero de no ser así, e incluirlos después, puede suponer un presupuesto de casi el doble.

Nota

Además, si se prevé una posible reimpresión en breve, se aconseja pedir presupuesto por adelantado al impresor.

Fecha de entrega

Debe pactarse una fecha final de entrega y cumplir el plazo pactado. De no ser así, puede suponer la anulación del proyecto por parte del cliente, incluso la devolución de todo un proyecto —y esto de cara a la calidad e imagen de la empresa no conviene en absoluto—. Los proyectos deben, a ser posible, entregarse antes de lo pactado. Esto dará un margen de tiempo y credibilidad por parte de los clientes, muestra de buen hacer y profesionalidad.

Existen, por tanto, numerosas especificaciones que forman parte de los informes y que ayudan a presupuestar un proyecto impreso. Hay que tener claro desde las primeras fases de producción cómo será el producto final y así diseñar y maquetar en función de tamaños, tipos de papel, encuadernación, acabados... Todos estos factores influyen en el coste final del producto y, por ende, en la calidad.

Actividades

12. ¿Es posible que a la hora de "cerrar" un presupuesto tenga importancia en el precio final la elección de un tamaño determinado de papel?

10. Resumen

La calidad, regulada por la Norma ISO 9000, implantada por Europa, ofrece una serie de parámetros y especificaciones por las que regir una empresa. En este caso, la industria gráfica debe aplicarla y así proporcionar una calidad a sus clientes que se verá reflejada en el servicio en los productos y, por tanto, en los beneficios de la empresa, tanto de forma económica como de imagen y de cara a la fidelización de clientes.

Para ello, se llevarán a cabo una serie de muestreos, inspecciones, informes, etc.

En este capítulo se ha estudiado:

- Los tipos de muestreos llevados a cabo en las fases de impresión y posimpresión con algunos ejemplos.
- El índice de desviaciones, errores que deben observarse y corregir antes de la entrega de un producto.
- El histórico donde se recogen todas las pruebas realizadas al producto.
- La importancia de la calidad en las empresas, las consecuencias de no llevar a cabo un plan de calidad y las propuestas de calidad que deben afianzarse en el valor de una mejora continua.
- El coste-inversión que pueden llegar a tener ciertas especificaciones y sus consecuencias en caso de no llevarlas a cabo.

En resumen, todos estos parámetros influyen en la calidad de una empresa y en la imagen que el cliente tiene de ella. Las empresas deben concienciarse de que la calidad tiene que implantarse dentro de sus sistemas de trabajo y así ofrecer productos de calidad con los que se pueda innovar y diferenciarse de la competencia, consiguiendo de esta manera fidelizar clientes, ganar otros nuevos y, en definitiva, asegurarse beneficios económicos y un futuro estable como empresa.

Ejercicios de repaso y autoevaluación

1. **¿Qué es la calidad? ¿Se puede aplicar a cualquier empresa o solo a la industria gráfica? ¿Qué organismo es el encargado de dictaminar y actualizar las normas que regulan la calidad? El Certificado por Norma ISO, ¿certifica que un producto es mejor que otro?**

____

____

____

____

2. **La calidad es una empresa, ¿es necesaria? ¿En qué debe una empresa basar sus objetivos para mejorar? ¿Cuáles son los tres parámetros básicos en los que debe basarse?**

____

____

____

____

3. **A continuación, se relacionan una serie de parámetros a tener en cuenta en los tipos de muestreo. Inclúyalos dentro de la fase a la que correspondan:**

   a. Comprobar la correcta aplicación de barnices en la zona especificada:
   b. Selección del tipo de máquina adecuada para llevar a cabo el trabajo impreso:
   c. Doblado y/o deslizamiento de la imagen:
   d. Registro defectuoso:
   e. Efecto escalonado en los cuadernillos centrales en la encuadernación a caballete:
   f. Gramaje y volumen específico del papel:
   g. Impresión de imágenes de tirajes anteriores:
   h. Comprobar la resistencia del papel ante la aplicación de diferentes técnicas de acabado:
   i. Dirección de la fibra del papel errónea:

4. **Mosaico de imágenes. ¿Qué reflejan las imágenes que se muestran a continuación? Resúmalas brevemente.**

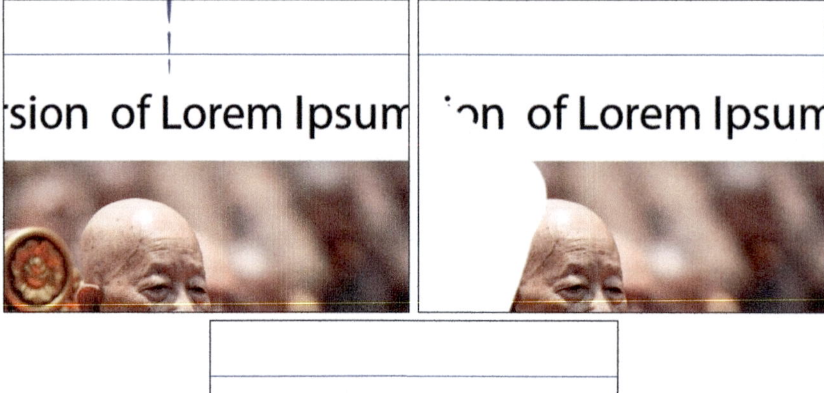

____

____

____

____

5. **Señale si las siguientes afirmaciones son verdaderas o falsas:**

   a. Es muy importante determinar las funciones de cada departamento y la del cliente.

      ☐ Verdadero
      ☐ Falso

b. Llevar un control exhaustivo de los errores para la mejora de calidad no tiene relevancia.

- ☐ Verdadero
- ☐ Falso

c. El proceso gráfico debe ser controlado desde las primeras fases de producción.

- ☐ Verdadero
- ☐ Falso

d. La necesidad de la realización de pruebas de impresión radica en la inversión de tiempo y dinero con respecto a la calidad del producto.

- ☐ Verdadero
- ☐ Falso

6. Relacione estos conceptos:

a. Prevención
b. Demostración
c. Corrección y mejora
d. Detección

__ Se deben implantar procesos de mejora continuamente para corregir las causas de los errores y así mejorar los procesos y, por ende, los productos.
__ El control desde las primeras fases de producción en un proyecto es esencial para poder evitar errores y costes futuros. Para ello, la prevención de errores y evitar que se produzcan patrones no conformes con el proceso en las diferentes fases es esencial para la obtención del producto.
__ Es otro parámetro importante en la consecución del producto. Por ello, detectar errores en el momento más próximo posible puede evitar costes innecesarios.
__ Es muy importante documentar todas las acciones llevadas a cabo para la mejora del producto y así demostrar que se han cumplido los requisitos de calidad establecidos.

7. Complete las siguientes frases:

a. La__________ ISO __________: proporciona los conceptos de __________ de calidad y establece el __________ de la sección.

___

b. Norma ISO ___________: proporciona las ___________ para la gestión de la calidad.
c. Norma ISO ___________: verifica y orienta el ___________ de la gestión de calidad.

8. ¿En qué fases se dan los tipos de inspección? ¿Cuáles son los grados de intensidad de estas inspecciones?

___
___
___
___

9. Sopa de letras: encuentre 7 términos relacionados con el tema.

C	A	L	I	D	A	D	Q	R	Y	I
M	T	R	B	D	S	A	F	V	L	O
J	C	N	W	S	X	D	Ñ	U	A	L
Z	F	I	D	E	L	I	Z	A	R	Ñ
J	H	N	Z	J	U	V	K	C	G	B
Z	E	F	T	B	Q	I	H	N	L	M
A	Y	O	G	U	R	T	S	X	T	E
U	O	R	J	I	T	C	Y	O	K	C
A	C	M	G	H	R	U	Y	D	C	Ñ
X	T	E	N	I	M	D	O	L	R	U
E	W	S	E	T	S	O	C	L	Ñ	O
B	H	Y	T	D	C	R	V	X	A	U
Z	Q	P	B	T	V	P	U	E	J	K

10. Señale la opción correcta.

Antes de comenzar un trabajo de impresión, el impresor debe pactar con el cliente la entrega de:

a. Originales, PDF preparados para imprimir, imágenes en alta resolución y las tipografías empleadas.
b. Nada, el cliente no debe hacer entrega de nada.
c. Las imágenes utilizadas, aunque no importa la resolución.
d. El dinero.

El tamaño de la página es importante.

a. No, no es importante.
b. Determinará el tipo de máquina utilizada y el tipo de encuadernado.
c. Determinará el tipo de acabados.
d. Determinará el número de personas dedicadas al proyecto.

La extensión de un trabajo dependerá de número de páginas, pero para que salga más económico...

a. ... debe ser divisible por 4, 8, 12, 16, 24 o 32.
b. ... debe imprimirse en según qué tipos de papel.
c. ... debe imprimirse de noche.
d. El número de páginas está limitado por las máquinas

11. Señale las ventajas que pueden revertir en una empresa mediante el uso de informes.

12. Enumere algunas de las consecuencias de la **NO CALIDAD** en una empresa que no aplica de forma correcta el programa de calidad diseñado para la mejora de la organización.

13. Cuando se habla del "histórico" en la industria gráfica, ¿a qué se hace referencia? ¿Puede enumerar algunos ejemplos?

14. Defina los siguientes conceptos: arrugas, aseguramiento de la calidad, puntos, arrastre de rodillo.

15. ¿Cuáles serían las fases por las que pasaría un plan de mejora para su imprenta?

Bibliografía

Monografías

- AMBROSE, G.: *Formato para diseñadores gráficos.* Barcelona: Ed. Parramón Ediciones S. A., 2022.

- AMBROSSE, G. y HARRIS, P.: *Diccionario visual de preimpresión y producción.* Barcelona: Ed. Index Book s.l., 2011.

- AMBROSSE, G. y HARRIS, P.: *Impresión y acabados.* Barcelona: Ed. Parramón Diseño, 2015.

- BANN, D.: *Actualidad en la producción de Artes Gráficas.* Barcelona: Ed. Blume. Reimpresión 2010.

- FORMENTÍ J. y REVERTE S.: *La imagen Gráfica y su Reproducción.* Barcelona: Ediciones CPG, 2008.

- GARCÍA Jiménez, J.: *Gestión de la calidad en el sector gráfico.* Madrid: Ed. Aral, 2011.

- GÓMEZ-PALACIO B. y VIT A.: *Guía completa del diseño gráfico. Compendio visual y reseñado sobre el lenguaje, las aplicaciones y la historia del diseño gráfico.* Barcelona: Ed. Parramón Diseño, 1ª Edición, 2011.

- JOHANSSON, K., LUNDBERG, P. y RYBERG, R.: *Manual de producción gráfica. Recetas.* Barcelona: Editorial Gustavo Gili. 1ª Edición, 2004.

- JOHANSSON, K., LUNDBERG, P. y RYBERG, R.: *Manual de producción gráfica. Recetas. Segunda edición actualizada y ampliada.* Barcelona: Editorial Gustavo Gili. 2ª Edición, 2011.

- VV. AA.: *Acabados de impresión para diseñadores gráficos: Introducción, aplicaciones e inspiración.* Barcelona: Hoaki Books, 2023.

Textos electrónicos, bases de datos y programas informáticos

- Calidad en los procesos de impresión, de: <https://redgrafica.com/>.

- Cómo implementar un certificado de análisis y control estadístico de procesos de impresión, de: <http://www.elempaque.com/imprimir/Como-implementar-un-certificadodeanalisis-y-control-estadistico-de-procesos-en-impresion/_5067590>.

- Control de calidad en la industria gráfica, de: <http://qualitasaagg.wordpress.com/>.

- Información sobre los procesos de impresión, de: <https://laprestampa.com/>.

- Información sobre las normativa ISO, de: <https://www.aec.es/web/guest/centro-conocimiento/normas-iso-9000>.

- Producción editorial y preimpresión digital, gestión de calidad, de: <https://jesusgarciaj.com/>.

- Técnicas estadísticas de control de calidad en la industria gráfica, de: <http://www.industriagraficaonline.com/index.php?id=9728>.

- Tipos de barnices, de: <https://graffica.info/que-tipo-de-barniz-necesita-mi-proyecto/>.

- Tipos de acabados, de: <https://www.omanimpresores.com/acabados.html>.